마구로센세의
본격!
일본어 스터디

④

마구로센세의
본격!
일본어 스터디

중급④ 일본의 자연환경

bs
브레인스토어

저자의 말

다년간 사회 각계각층의 수강생들을 직접 만나서, 셀 수도 없을 만큼의 일본어 강의를 해왔습니다. 강의가 끝나면 늘 강의 평가라는 강사의 성적표가 따라오게 마련입니다. 감사하게도 제 강의에 대해 좋은 평가를 해주시는 수강생들의 의견은 "일본어라는 어학뿐만 아니라, 일본의 문화와 정서까지 이해시켜 주는 강의였다."는 것이었습니다.

그런 강의를 책으로도 보여 드릴 수 없을까 고민하던 중, 나인완 작가님의 작품을 접하게 되었습니다. 작가님은 제가 표현하고자 하는 일본의 문화와 정서를 '마구로센세'라는 친근한 캐릭터로 펼치고 있었습니다. 작가님과의 만남으로 이루어 낸 작품이 지금 손에 들고 계신 《마구로센세의 본격 일본어 스터디》입니다.

각 장의 구성은 아래와 같습니다.

1) 에피소드: 마구로센세를 통해 체험하는 일본 생활
2) 일본통 되기: 일본 문화, 정서에 대해 알아 가기
3) 일본어 정복: 마구로센세가 일본어 요정 유리링과 일본어 핵심 요소를 정복
4) 연습하기: 앞서 배운 내용을 다양한 예문을 통해 연습
5) 정답 확인: 연습하기의 정답 확인으로 학습 내용 내 것으로 만들기

《마구로센세의 본격 일본어 스터디》 시리즈는 앞으로도 일본의 지역, 문화, 역사, 사회 현상 등에 대해서 소개하며, 일본어 스터디를 이어 나갈 예정입니다. 많은 기대와 성원 부탁드립니다.

감사합니다.

일본어 강사 최유리

차례

저자의 말 ·· 4

프롤로그 ·· 6

1강 일본의 봄 · 여름 · 가을 · 겨울 즐기기! ················ 15
　동사 ない형 만드는 방법

2강 유빙을 보러 떠나는 홋카이도 ·························· 43
　동사 ない형 활용 1 (요구, 추측 또는 판단)

3강 축제의 나라에서는 겨울에도 축제를 멈추지 않아 ···· 71
　동사 ない형 활용 2 (조언, 허가)

4강 일본의 황금어장, 두 해류가 만나는 나루토 해협 ···· 103
　동사 ない형 활용 3 (의무)

5강 일본 최고의 랜드마크 후지산은 화산입니다 ·········· 137
　일본어 동사 의지형·권유형

6강 미네랄이 퐁퐁 솟아나는 일본의 천연 온천 ··········· 163
　일본어 동사 가능형

7강 노란 단풍이 예쁜 가을은 식욕의 계절! ·············· 189
　일본어 인용 표현

8강 지리에 따라 다채로운 일본의 자연환경 ·············· 217
　일본어 추측 표현

　부록 : JLPT N5 N4 필수 동사 ···························· 247

마구로센세의 본격 일본어 스터디 중급 4 . 일본의 자연환경

오늘 배운 내용은 좀 이해가 되었나요?

그럼요! 제가 누군데요!
오늘도 역시나
완벽히 이해했습니다!

후 훗

그런데 왜 문제는
반이나 틀리죠…?

50

음…
그건….

아무튼 이제 본격! 일본어 스터디 책도 벌써 4권이에요.

허엇! 언제 그만큼!!

이번 4권에서는 일본의 지리적 환경에 의해 나타나는 요소들을 배우며 일본어 공부를 해 볼까 해요!

오호!

일본은 4개의 큰 섬으로 이루어져 있고,
4개 섬 가운데 혼슈만 해도 대한민국과 북한을 합친 면적보다 크며,
동시에 세계에서 7번째로 큰 섬이에요.

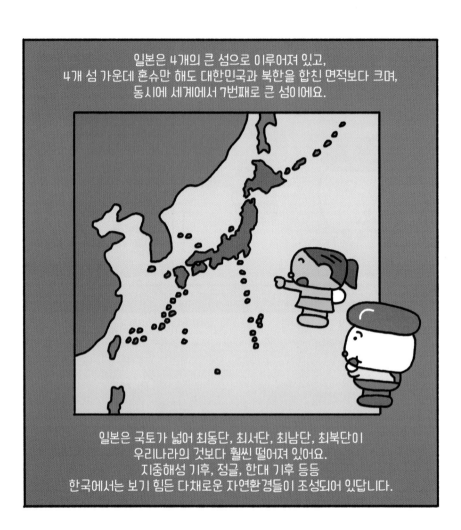

일본은 국토가 넓어 최동단, 최서단, 최남단, 최북단이
우리나라의 것보다 훨씬 떨어져 있어요.
지중해성 기후, 정글, 한대 기후 등등
한국에서는 보기 힘든 다채로운 자연환경들이 조성되어 있답니다.

한대 기후에서의 스키나 유빙 관광,

그리고 아열대 기후에서의 산호초 스쿠버다이빙이 모두 가능한 나라예요.

옷! 그러면 이번에 다양한 활동들이 절 기다리고 있겠네요….

그렇죠.

몸을 최대한 안 움직이고 가만히 있는 게 좋긴 한데….

…

그렇긴 하죠….
저도 누워 있을 때가 가장 좋아요…
가 아니라!!

아무튼 이번 책에서는 그렇겐 안 돼요!

하하
넘어갈 뻔..

훌찌럭

좋아요! 저도 맨날
누워 있을 순 없죠! 열심히 해 볼게요!

…같이 가요!

일본의 봄·여름·가을·겨울 즐기기!

동사 ない형 만드는 방법

벌써 봄이에요~
오랜만에 벚꽃놀이에 오니
저도 모르게 기분이 업되네요!

일본의 봄은
입학과 입사 시즌이 맞물려 있어
새로 시작하는 분위기가 물씬 풍기지요.

간질
간질

푸엣취!

순간이동!

...

멀찍이...

뽀롱! 자! 여기 손수건.

감사합니다.
제가 이 시즌만 되면
화분증이 심해서요.

훌쩍

저쪽에는 꽃이 좀 없는데
돗자리를 펼까요?

저번 여름에 자다가 불꽃놀이를
놓쳐서요. 올해는 꼭 보고 싶어요.

얼마나 깊이
잠들었으면 불꽃놀이를….

제가 원래 잠을 좀 깊게 자는 편이라
옆에서 누가 음식만 먹지 않는다면
절대 깨지 않아요.

역시 음식엔 민감하군….

컵컵

저는 이번엔 후지산에 올라가 보려고 해요.
역시 후지산은 여름 풍경이 제일이죠!

오오옷! 저도 가 보고 싶어요!

정말요? 그러면
같이 등반해 보는 건
어때요?

한 5시간이면
될까요?

보통 2일 코스로
가긴 해요.

…2일 동안
산을?

조금만 더 생각해 볼게요….

끄적 끄적

마구로 센세 SNS를 보니 저번 가을에 여행을 많이 다녀왔더라구요.

maguro Sensei

엇! 저는 SNS를 그렇게 열심히 하진 않지만 여행 사진만큼은 못 참아서요.

열심히 안 하는 것치고는 게시물이 많은데….

게시물 1896

Maguro_sensei

아무래도 여름이 너무 덥고 길어진 마당에 가을이 여행을 가기 딱 좋은 계절 같아요.

선선

그 대신 가을에 너무 돌아다닌 탓인가…

저번 겨울에는
코타츠 안에서만 생활했어요.

아… 어쩐지 뭔가 좀
노릇노릇해진것 같기도….

저는 저번 겨울에
삿포로 눈축제에 다녀왔어요!

삿포로

눈으로 만든 다양한 조형물들이
있어서 사진을 많이 찍어 왔는데…

어디보자

이거 좀 보세요!
이거는 꼭 마구로 센세에게
보여 주고 싶었어요.

옷! 정말요?

아닛!!

초밥?? 저잖아요…

제가 앞에서 같이 찍었으면
SNS 좋아요 많이 받는 사진이 되었을 텐데….

역시 SNS에 열심이군….

올해는 한번 같이 가 보도록 해요.

좋아요!!

겨울에 집에만 있지 못하게
당장 코타츠부터 팔아야겠네요!

아니, 너무 그렇게
극단적일 필요는….

일본은 우리나라와 마찬가지로 뚜렷한 사계절이 있어요. 일본도 사계를 춘하 추동으로 나누고 각 계절마다 특별한 행사나 즐길 거리가 가득해요.

1 일본의 봄 春

이 기간에는 일본 전국에서 대부분 쾌적한 날씨가 이어져서, 가벼운 외투와 스웨터 차림으로 편하게 여행할 수 있어요. 하지만 바람이 세게 불거나 기온이 갑자기 낮아질 수도 있으니 겹쳐 입을 겉옷을 준비하는 게 좋아요. 4월 말이면 일본의 대표적인 연휴인 '골든위크'ゴールデンウィーク가 시작돼서 대부분 휴가를 떠나는 극성수기이니 이때는 일본 여행을 피하는 게 좋아요.

1) 새로운 시작

봄이라고 하면 새로운 시작의 기분을 떠올리기도 하는데, 이 시기는 일본의 회사와 학교가 입사와 입학을 하는 시기이기도 해요. 입학을 동시에 하는 것은 우리와 다를 것이 없지만 회사의 신입 사원 입사 시기가 정해져 있는 것은 우리 와 다른 독특한 문화예요.

2) 꽃놀이 お花見

3월 말이 되면 규슈 남쪽 끝부터 벚꽃이 피어나기 시작해 점차 북쪽으로 번져 가며, 혼슈를 거쳐 홋카이도를 향해 천천히 개화 범위를 넓혀 가요. 분홍과 흰색 의 꽃비가 도시와 마을, 공원, 산을 뒤덮으면 사람들은 벚꽃을 구경하러 꽃놀이 에 나서요. 꽃놀이 명소에서는 자리를 잡기 위해 새벽부터 돗자리를 깔고 기다 리기도 해요.

3) 화분증 花粉症

패전 후 건축 붐이 일면서 전국에 대량의 삼나무를 심기 시작했던 것이 지금에는 봄이 되면 화분증의 원인으로 큰 문제가 되고 있어요. 전 국민의 절반에 가까운 인구가 화분증으로 고생하는 시기이다 보니 마스크를 쓴 사람을 쉽게 볼 수 있어요. 주로 2월~4월 사이에 발생하니, 꽃가루 알레르기가 있다면 이 시기에는 여행을 피하는 게 좋아요. 혹시 이 시기에 여행을 하게 된다면 화분증이 거의 없거나 적은 홋카이도나 오키나와 지역을 추천해요.

2 일본의 여름 夏

일본 대부분의 지역은 덥고 습한 날씨로 낮에는 찜통더위가 이어지지만 저녁이 되면 열기가 가라앉아서 활동하기 좋아져요. 여름에는 전국 어디에서나 인근에서 열리는 축제나 큰 행사와 마주칠 수 있을 거예요. 볼거리와 즐길 거리로 가득한 여름 축제로 일본의 추억을 더 멋지게 장식해 보세요.

1) 불꽃놀이 花火

일본의 여름이라고 하면 떠오르는 첫 번째 이미지가 불꽃놀이일 만큼 많은 곳에서 다양한 규모로 즐기고 있어요. 삼삼오오 모여서 작은 불꽃놀이를 하기도 하지만, 지역별로 대규모의 불꽃놀이를 정기적으로 하기도 하니, 여행 지역이 결정되면 불꽃놀이 일정도 체크해 보세요. 대규모 불꽃놀이가 있는 날이면 불꽃놀이 명당은 일찍부터 자리 잡기 경쟁이 벌어지기도 해요.

2) 다양한 축제 祭り

전통 방식을 고수하는 일본의 축제는 그 지역의 문화를 직접 체험할 수 있는 기회예요. 각 지역의 춤과 노래, 의상 등을 구경하면서 다양한 음식과 음료도 맛볼 수 있는 기회이니, 일본의 문화를 즐길 수 있는 다양한 축제를 찾아가 보세요.

3) 후지산富士山 등반

여름은 일본의 상징인 후지산의 등반 시기예요. 후지산은 세계 각국에서 하

이킹을 위해 모여드는 산인데 7월 초에서 9월 초까지가 야마비라끼山開き라고 하는 등반 허용 시기이니 날짜와 일정을 꼼꼼하게 준비해서 숙소도 일찌감치 예약하는 게 좋아요.

4) 오봉야스미 お盆休み

일본 최대 명절인 오봉은 죽은 사람을 기리는 날로 한여름의 중간인 8월 15일 전후예요. 타지에서 생활하고 있는 사람들이 고향으로 귀성하거나 가족들과 모여서 시간을 보내기도 해요. 이때 사람들이 모여서 봉오도리盆踊り라는 춤을 추기도 하고 죽은 영혼이 잘 찾아오고 돌아갈 수 있길 바라는 마음으로 가지나 오이로 동물 형상(精靈馬, 精靈牛)을 만들기도 해요.

3 일본의 가을 秋

우리나라와 마찬가지로 일본도 가을이 되면 가장 많이 듣는 단어가 여행, 식욕, 독서 등이에요. 여행하기 가장 좋은 계절이니 일본 여행을 계획하고 계시다면 가을을 노려 보세요.

1) 여행의 계절 行楽の秋

여름이 물러가고 가을로 넘어가면서 일본 열도는 찜통 같던 더위가 가시고 야외 활동을 하기 좋은 선선하고 맑은 날씨가 이어져요. 게다가 전 국토의 상당 부분이 산지 지형인 일본은 전국의 다양한 명소에서 멋진 풍경을 즐길 수 있어요. 산이 아니어도 일본 전통 정원과 공원에서도 아름다운 가을 색을 즐길 수 있어요.

2) 식욕의 계절 食欲の秋

가을은 '결실의 계절'이라고도 불리는 것처럼 다양한 식재료가 제철을 맞이하죠. 과일이나 곡식은 물론이고 섬나라인 일본에서 빼놓을 수 없는 수산물까지 가을이 되면 더욱 풍성해져요. 특히 저렴하고 조리가 쉬운 가을의 대표 생선 꽁치는 한자로 秋刀魚라고 쓰는 생선 중에 하나예요. 가을에 일본을 여행하면 한국에서는 흔히 먹지 않는 꽁치회나 꽁치 화로구이를 도전해 보세요.

4 일본의 겨울 冬

겨울에는 북부 지역과 산간 지역에 많은 눈이 오고 설질이 좋아서 겨울 스포츠 천국이에요. 그리고 풍부한 적설량을 활용한 눈축제로 관광객들을 불러 모으고 있어요.

1) 코타츠 こたつ

일본 드라마나 애니메이션을 보면 겨울에 탁자에 이불을 덮고 그 아래에 들어가서 귤을 까먹거나 전병煎餅을 먹는 모습을 본 적이 있을 거예요. 이 탁자 형태의 난방 기구를 코타츠라고 해요. 일본 가옥구조는 우리나라처럼 온돌이 발달하지 않았기에 코타츠와 같은 난방 기구가 겨울 이미지를 대표하고 있어요. 추운 겨울에 코타츠에 한번 들어가면 나올 수가 없는 사람을 코타츠こたつ+달팽이かたつむり의 합성어로 코타츠무리こたつむり라고 부르기도 해요.

2) 오-미소카 大晦日

한 해가 끝나는 마지막 날을 오-미소카라고 해요. 이때를 전후로 대부분의 식당과 관광 명소가 휴무이니 여행 계획을 세울 때 참고하세요. 오-미소카에는 해넘이 소바年越しそば를 먹으면서 한 해의 미련을 끊어 내고 새로운 한 해를

맞이하는 전통이 있어요. 이때 소바를 먹는 이유는 묵은 해에 대한 미련을 끊어 내다는 의미도 있고, 소바 면처럼 가늘고 길게 장수를 기원하는 의미도 있다고 해요.

3) 새해 お正月

한 해가 시작하는 시점에 일본인들은 연휴를 맞아 고향으로 돌아가 새해 첫 날을 가족, 친지와 함께 보내요. 정월 초하루에는 사찰이나 신사를 찾아 새해의 복을 빌고 그해가 무사히 지나가기를 기원하는 사람들이 많은데요. 이것을 하 쯔모-데初詣라고 해요. 새해 첫날을 기점으로 전후 며칠간은 대부분의 관광 명 소가 문을 닫으니 하쯔모-데 명소에서 일본의 전통문화를 체험해 보는 것도 좋 을 거예요.

4) 눈축제 雪まつり

적설량이 많은 지역에서는 제설 작업으로 고된 시간을 보내야 하지만, 이 눈 을 활용해서 축제를 하기도 해요. 특히 삿포로札幌의 눈축제는 전 세계에서 관 광객이 모여들 만큼 유명한 눈축제예요. 그 밖에도 다양한 지역에서 눈축제를 하고 있으니 겨울에 일본을 방문한다면 눈축제 일정을 확인해 보세요!

1 일본어 동사 ない형

 2권과 3권을 통해서 동사를 다양한 형태로 활용하는 방법을 배웠죠. 이번에는 동사의 ない형 만드는 방법을 배워 볼게요.

 ない형이라면 1권에서 명사와 형용사의 부정표현을 만들 때 배운 거 아닌가요? 모든 단어가 ない로 끝나는 거요!

 맞아요. 명사와 형용사의 ない형 만드는 방법은 잘 기억하고 있죠?

 아, 네 물론 잘 기억을 했었죠….

 배운 지 좀 지났으니까, 간단하게 복습해 봐요.

명사

<ruby>夏<rt>なつ</rt></ruby>	だ	여름이다
	じゃない	여름이 아니다, 여름이 아닌

い형용사

<ruby>暑<rt>あつ</rt></ruby>	い	덥다
	くない	덥지 않다, 덥지 않은

な형용사

<ruby>特別<rt>とくべつ</rt></ruby>	だ	특별하다
	じゃない	특별하지 않다, 특별하지 않은

명사와 な형용사는 だ를 지우고 じゃない를 붙이는 거고, い형용사는 마지막 글자 い를 지우고 くない를 붙이는 거 맞죠?!

 맞아요!

 동사의 ない형도 ない로 끝나긴 할 거 같은데 어쩐지 좀 더 복잡할 거 같은 느낌적인 느낌.

 동사의 ない형 만드는 방법을 배우기 전에! ない형을 우리말로 하면 어떤 뉘앙스일까요?

 부정 표현이니까 이런 거 아닐까 싶네요.

동사 원형	동사 부정형
가다	가지 않다
먹다	먹지 않다
하다	하지 않다

 맞아요. 그리고 동사의 ない형은 い형용사와 같다고 생각하면 다루기 쉬울 거예요.

 그러고 보니 ない형은 い로 끝나고 있네요. 얼른 만드는 방법을 배우고 싶어졌어요!

 동사는 3개 그룹이 있는데 그룹별로 ない형 만드는 방법이 달라요.

 동사 3개 그룹을 나누는 건 2권 4강에서 배운 거네요.

2 1그룹 동사

 먼저 1그룹 동사는 마지막 글자를 あ단으로 바꾸고 ない를 붙이면 돼요.

 그렇다면 行く는 行かない가 되는 건가요? 그리고 行く가 '가다'라는 동사이니까 行かない는 '가지 않다'라는 의미겠네요.

 정답! 그리고 동사의 ない형은 い형용사와 마찬가지라고 했잖아요. 그래서 '가지 않다, 가지 않는' 이렇게 두 가지 해석을 할 수 있어요.

 '동사의 ない형＋명사'의 해석일 때는 '동작하지 않는＋명사' 이렇게 된다는 말이네요.

 또 한 가지 주의할 점은 う로 끝나는 동사예요. う로 끝나는 동사는 あ단을 あ가 아닌 わ로 바꿔야 하니 각별히 주의하세요!

동사 원형		동사 ない형	
似合う*	어울리다	似合わない*	어울리지 않다, 어울리지 않는
間に合う*	제시간에 맞추다	間に合わない*	제시간에 맞추지 않다, 제시간에 맞추지 않는
勝つ	이기다	勝たない	이기지 않다, 이기지 않는

<ruby>打<rt>う</rt></ruby>つ	치다, 때리다	<ruby>打<rt>う</rt></ruby>たない	치지 않다, 치지 않는
<ruby>残<rt>のこ</rt></ruby>る	남다	<ruby>残<rt>のこ</rt></ruby>らない	남지 않다, 남지 않는
<ruby>割<rt>わ</rt></ruby>る	나누다	<ruby>割<rt>わ</rt></ruby>らない	나누지 않다, 나누지 않는

<ruby>死<rt>し</rt></ruby>ぬ	죽다	<ruby>死<rt>し</rt></ruby>なない	죽지 않다, 죽지 않는
<ruby>選<rt>えら</rt></ruby>ぶ	고르다	<ruby>選<rt>えら</rt></ruby>ばない	고르지 않다, 고르지 않는
<ruby>運<rt>はこ</rt></ruby>ぶ	운반하다	<ruby>運<rt>はこ</rt></ruby>ばない	운반하지 않다, 운반하지 않는

<ruby>踏<rt>ふ</rt></ruby>む	(발로) 밟다	<ruby>踏<rt>ふ</rt></ruby>まない	(발로) 밟지 않다, (발로) 밟지 않는
<ruby>盗<rt>ぬす</rt></ruby>む	훔치다	<ruby>盗<rt>ぬす</rt></ruby>まない	훔치지 않다, 훔치지 않는
<ruby>開<rt>ひら</rt></ruby>く	열리다, 열다	<ruby>開<rt>ひら</rt></ruby>かない	열리지 않다, 열리지 않는

はく	(신발 등을) 신다	はかない	(신발 등을) 신지 않다, (신발 등을) 신지 않는
急^{いそ}ぐ	서두르다	急^{いそ}がない	서두르지 않다, 서두르지 않는
脱^ぬぐ	벗다	脱^ぬがない	벗지 않다, 벗지 않는

引^ひっ越^こす	이사하다	引^ひっ越^こさない	이사하지 않다, 이사하지 않는
戻^{もど}す	되돌리다	戻^{もど}さない	되돌리지 않다, 되돌리지 않는

*예외 동사: ある 있다 -ない 없다

 단, 하나의 예외가 있으니, 잘 기억하세요. 바로 '있다'라는 동사 ある 예요. ある의 ない형은 あらない가 아니라 ない예요. 이건 사실 2권 1강 문법정리에서 다룬 적이 있어서 기억할 수도 있겠네요.

 어쩐지 익숙하더라고요. (뻔뻔)

이번에는 2그룹 동사의 ない형을 만들어 볼 텐데요. 지금까지 다양한 동사의 변형을 배우면서 2그룹을 만나면 반가워해도 된다고 했죠. 이번에도 역시 2그룹 동사는 간단하게 ない형으로 만들 수 있어요.

 마지막 글자 る를 지우고 ない를 붙이면 끝?!

 맞아요! 동사 '먹다'의 食べる는 마지막 글자 る를 지우고 ない를 붙이면 食べない가 되는 거예요. 간단하죠!.

 2그룹 동사 만세!

동사 원형		동사 ない형	
<ruby>諦<rt>あきら</rt></ruby>める	체념하다, 포기하다	<ruby>諦<rt>あきら</rt></ruby>めない	체념하지 않다, 체념하지 않는

<ruby>預<rt>あず</rt></ruby>ける	맡기다	<ruby>預<rt>あず</rt></ruby>けない	맡기지 않다, 맡기지 않는
<ruby>売<rt>う</rt></ruby>れる	팔리다	<ruby>売<rt>う</rt></ruby>れない	팔리지 않다, 팔리지 않는
<ruby>冷<rt>さ</rt></ruby>める	식다	<ruby>冷<rt>さ</rt></ruby>めない	식지 않다, 식지 않는

確かめる	확인하다	確かめない	확인하지 않다, 확인하지 않는

貯める	모으다	貯めない	모으지 않다, 모으지 않는
通じる	통하다	通じない	통하지 않다, 통하지 않는
燃える	(불에) 타다	燃えない	(불에) 타지 않다, (불에) 타지 않는

4 **3그룹 동사**

 이제 3그룹 동사 차례네요. 3그룹 동사는 2개밖에 없으니까 마음이 가벼워요.

 3그룹 동사는 する와 来る밖에 없지만 어간의 읽는 방법이 바뀌니까 주의하세요.

동사 원형		동사 ない형	
する	하다	しない	하지 않다, 하지 않는
来る	오다	来ない	오지 않다, 오지 않는

5 예외 1그룹 동사

 예외 1그룹 동사는 역시 1그룹의 규칙을 따라서 마지막 글자를 あ단으로 바꾸고 ない를 붙이면 되는 거죠?

 맞아요. 이제 일본어 마스터도 중급 학습에 들어섰으니 새로운 예외 1그룹 동사들로 확인해 볼게요.

동사 원형		동사 ない형	
要る	필요하다	要らない	필요 없다, 필요 없는
限る	한정하다, 한정되다	限らない	한정하지 않다, 한정하지 않는
裏切る	배신하다	裏切らない	배신하지 않다, 배신하지 않는

しゃべ 喋る	수다 떨다	しゃべ 喋らない	수다 떨지 않다, 수다 떨지 않는
て 照る	빛나다	て 照らない	빛나지 않다, 빛나지 않는
にぎ 握る	(손에) 꽉 쥐다	にぎ 握らない	(손에) 꽉 쥐지 않다, (손에) 꽉 쥐지 않는
へ 減る	(양이) 줄다	へ 減らない	(양이) 줄지 않다, (양이) 줄지 않는

✏️ 문법정리

동사 원형의 마지막 글자를 지우고 ない형을 만드는 장치

그룹	원형의 마지막 글자	ない형을 만드는 장치
1그룹	う*	わない*
	つ	たない
	る	らない
	ぬ	なない
	ぶ	ばない
	む	まない
	く	かない
	ぐ	がない
	す	さない
예외 1그룹	る	らない
2그룹	る	ない
3그룹	する	しない
	来る	来ない

*예외 동사: ある 있다 -ない 없다

다음 동사 원형을 ない형으로 바꾸시오.

동사 원형	그룹	동사 ない형
似^に合^あう 어울리다 *		
勝^かつ 이기다		
残^{のこ}る 남다		
ある 있다		
死^しぬ 죽다		
選^{えら}ぶ 고르다		
踏^ふむ (발로) 밟다		
はく (신발 등을) 신다		
急^{いそ}ぐ 서두르다		
戻^{もど}す 되돌리다		

預ける 맡기다		
燃える (불에) 타다		
する 하다		
来る 오다		
要る 필요하다		
限る 한정하다, 한정되다		
裏切る 배신하다		

동사 원형	그룹	동사 ない형
似_に合_あう 어울리다 *	1그룹	似_に合_あわない
勝_かつ 이기다	1그룹	勝_かたない
残_{のこ}る 남다	1그룹	残_{のこ}らない
ある 있다	1그룹	ない
死_しぬ 죽다	1그룹	死_しなない
選_{えら}ぶ 고르다	1그룹	選_{えら}ばない
踏_ふむ (발로) 밟다	1그룹	踏_ふまない
はく (신발 등을) 신다	1그룹	はかない
急_{いそ}ぐ 서두르다	1그룹	急_{いそ}がない
戻_{もど}す 되돌리다	1그룹	戻_{もど}さない

預^{あず}ける 맡기다	2그룹	預^{あず}けない
燃^もえる (불에) 타다	2그룹	燃^もえない
する 하다	3그룹	しない
来^くる 오다	3그룹	来^こない
要^いる 필요하다	1그룹-예외	要^いらない
限^{かぎ}る 한정하다, 한정되다	1그룹-예외	限^{かぎ}らない
裏切^{うらぎ}る 배신하다	1그룹-예외	裏切^{うらぎ}らない

*예외 동사: ある 있다 -ない 없다

유빙을 보러 떠나는 홋카이도

동사 ない형 활용 1 (요구, 추측 또는 판단)

으~ 덥다. 언제쯤 겨울이 올까요?

아직 여름 시작도 안 했어요….

남극이나 북극은 지금도 엄청 시원하겠죠?

시원한 게 아니라 춥겠죠!

이런 날 배에서 시원한 아이스크림을 먹으며 유빙을 보면 얼마나 행복할까요?

제가 요즘 2인 순간이동을 연습 중인데요. 거의 완성돼서 한번 써 보고 싶었는데…

하다가 잘못되면 어떻게 되는 건데요…?

그렇게 겁내면 발전할 수 없어요!

겁이 아니라… 목숨이 위험할 거 같은데….

북극이나 남극이 아니라
일본 최북단 홋카이도에서도
유빙을 볼 수 있어요!

아, 갑자기 추운 곳으로 와서
감기가 걸릴지도 모르겠네요!

푸엣취!

따듯한 패딩과 따듯한 팽귄 옷이 있는데
어떤 걸로 할까요?

패딩

펭귄

골라 골라♪

펭귄?

펭귄 옷…
그건 좀 어울리지
않을 거 같아요.

잘 어울릴 것
같은데….

유링유링 유리링!

끼야오~~!

휴, 이제 좀 살 것 같네요.

냉동 초밥 될 뻔….

저 쇄빙선을 타면 유빙을 가까이서 볼 수 있어요!

오옷! 저도 타고 싶어요!!!

덜덜덜

직접 유빙을 가르는 느낌이 너무 재밌는데요?

그리고 제가 이것저것 찾아봤는데…

이런 날씨와 잘 어울리는 뜨끈한 우동 같은 거요?

꿀꺽

유빙 수영, 유빙 스쿠버다이빙도 해 볼 수 있대요!

…이 차가운 얼음 속으로 들어간다고요?

이 체험을 하고 싶은데, 어떻게 신청해야 하죠?

!!!!

재밌겠다!

아하!

···

쓰윽

2명분 신청하면 될까…?

오잉?

어디 갔지?

죄송해요, 유리링…
더위에 감사하며 살게요….

찾. 았. 다.

쓰윽

···!!

유빙은 바다에 떠다니는 얼음을 말하는 것으로 해수의 염분량이 낮은 극지방에서 볼 수 있는 경광이에요. 일본 북부 지역에는 겨울철인 1월 말부터 3월 초에 유빙을 볼 수 있는 곳이 있어요. 일본은 4개의 큰 섬 '홋카이도, 혼슈, 시코쿠, 큐슈'로 이루어져 있는데 그중 가장 북쪽에 위치한 홋카이도의 북부인 오호츠크해

에서 유빙을 볼 수 있어요. 유빙 관광은 우리나라 예능프로그램인 '무한도전'에서 소개된 적이 있어서 많이 알려졌는데요. 추운 날씨와 함께 쉽지 않은 교통편으로 인해서 일반 관광객이 도전하기에는 난이도가 있는 편이에요. 그럼에도 불구하고 유빙을 직접 눈으로 보기 위해 수많은 관광객이 찾을 정도로 실제로 보면 신비롭고 장엄해요. 유빙 관광지와 가장 가까운 공항은 국내선만

운항하는 메망베쯔공항女満別空港이 있지만, 비행 편수가 많지 않은 편이라 이용이 편리하지는 않아요. 기차를 이용할 수도 있고 홋카이도의 주도인 삿포로시의 삿포로역에서 출발하면 6시간 이상 걸려요. 유빙 관광 시즌에만 운행되는 임시 특급열차 유빙 특급 오호츠크노카제流氷特急オホーツクの風가 있기도 하지만 정기적으로 운행되는 열차가 아닌 만큼 여행 일정에 따라서 미리 알아보시는 게 좋아요.

1 유빙 명소

1) 몬베츠시 紋別市

홋카이도 북동부에 위치했고 지명은 아이누 (홋카이도 원주민)어로 조용한 강이란 뜻의 '모 우펫트모우펫ㅏ'로부터 유래했어요. 보통 '오호츠크해의 몬베츠オホーツク紋別'라고 불러요. 1963년부터 2월에 소박한 몬베츠 유 빙축제도 하고 있어요. 오호츠크해에 접한 몬 베츠항이 있고 겨울에는 유빙이 해안까지 떠밀

려 와요. 몬베츠시는 동절기 중 거대한 부빙들이 남쪽으로 떠내려오는 웅장한 광경을 가장 가까이에서 볼 수 있는 곳으로 유명해요. 쇄빙선인 가린코호ガリ ンコ号가 하루 4~6편 운항하고 있고, 유빙의 상황이나 승선 인원에 따라 결항 되는 경우도 있으니 늘 미리 체크해야 해요. 유빙 시즌이 아니어도 오호츠크해 얼음 과학관에서 유빙에 관해 자세히 배워 볼 수 있어요. 심지어 진짜 유빙 덩어 리를 갖다 놓고 저온을 유지하며 유빙의 실제 모습을 볼 수 있는 전시실이 있어 요. 오호츠크 몬베츠 공항紋別空港이 있지만 국내선 전용이라 우리나라에서 가려면 환승이 필요해요. 그리고 삿포로札幌에서 버스를 타면 5시간이 걸리고, 아사히카와旭川에서는 3시간 반이 걸려요. 운전에 자신 있다면 봄부터 가을까 지는 렌터카 여행을 추천하지만 겨울에는 눈이 많이 내려서 운전하기 쉽지 않은 지역이에요.

2) 아바시리시 網走市

몬베츠에서 차량으로 2시간가량 떨어진 곳에 위치했고, 지명은 아이누(홋카 이도 원주민)어로 조용한 강이란 뜻의 '아파시리'(ア・パ・シリ, 우리가 찾은 땅) 또는 '아바시리'(アパ・シリ, 들어가는 땅)로부터 유래했어요. 이곳은 유빙 쇄빙 선과 다양한 유빙 체험을 할 수 있는 곳이에요. 러시아의 아무르강에서 떠내려

아바시리시

오기 시작하는 유빙은 대개 1월 말에 일본에 도착해요. 일반적으로 유빙은 아바시리 주변에서 가장 두꺼운 상태로 발견되었다가 3월 말경에 사라지지만 매년 약간 차이가 있으니 가시기 전에 꼭 확인하세요. 유빙 시즌이 아닌 여름에 방문하게 되신다면 '고래 워칭 크루즈'를 즐길 수 있어요. 국내선 공항인 메망베쯔 공항女満別空港이 가장 가까운 공항이고, 공항에서 아바시리 버스 터미널까지 공항 리무진 버스를 타고 40분 정도 걸리는 거리예요. 삿포로에서 버스나 기차를 타면 아바시리까지는 6시간 정도 걸려요. 기차를 이용한다면 성인 기준 왕복 21,080엔이지만 3권 2강에서 소개해 드린 JR패스인 홋카이도 레일패스를 이용하면 더 저렴하게 다녀올 수 있어요. 5일권이 21,000엔이고 우리나라에서 미리 예매해 가면 무려 1,000엔이 저렴한 20,000엔이에요. 게다가 레일패스를 이용하면 좌석 지정도 무료로 할 수 있으니 기차를 타신다면 강추해요!

* 홋카이도 여객철도 주식회사 한국어 안내
https://www.jrhokkaido.co.jp/global/korean/index.html

2 유빙 즐기기

1) 쇄빙선

1 가린코 이메루 ガリンコ イメル

몬베츠에서 출발하는 234인승 유람선으로 요일에 따라서 일출과 일몰을 볼 수 있는 편도 운항하고 있어요. 선체가 크지 않아서 쇄빙하는 진동을 선상에서 오롯이 느끼면서 쇄빙된 유빙을 가까이에서 볼 수 있다는 점이 특징이에요. 쇄빙

선 이름의 이메루イ메ル는 아이누(홋카이도 원주민) 언어로 '빛'이라는 뜻이에요. 성인 4,000엔이고 웹으로 예약하면 할인받을 수 있어요.

* https://o-tower.co.jp/garinkogo.html

② 오로라 オーロラ

아바시리에서 출발하는 400인승 유람선으로 약 1시간의 바다 여행을 하면서 얼음덩어리를 가까이에서 볼 수 있어요. 성인 4,000엔이고 하루 4~5편 운항하고 있어요.

* https://www.ms-aurora.com/abashiri/

> 오전 시간대에 더 또렷한 유빙을 볼 수 있는 확률이 높아요!

2) 유빙 걷기, 유빙 수영, 유빙 스쿠버다이빙

우토로항에서 얼어붙은 바다 위를 걷는 유빙 걷기와 얼음물에 뛰어들어 수영을 해 볼 수 있는 체험 코스도 있어요. 좀 더 적극적으로 즐기고 싶다면 라우스에서 유빙 아래를 유영하는 스쿠버다이빙도 도전해 보세요. 유빙 걷기는 성인 6,000엔부터 시작하고 약 90분이 소요돼요. 방수 잠수복을 입고 가이드의 안내를 따라서 얼음 위로 걷다가 날씨에 따라서 바다에 들어가 볼 수도 있어요. 현지의 다수의 업체가 비슷한 관광상품을 진행하고 있으니 꼼꼼하게 비교해 보세요.

3) 해안 기차 '유빙 이야기' 流氷物語号

아바시리-시레토코샤리 구간을 연결하는 해안선이에요. 멀리 시레토코 연안이 바라다보이고 유빙에 덮인 오호츠크해를 조망할 수 있어요. 열차에서 맞이하는 모든 풍경이 기억에 깊게 남을 거예요. 매년 1월~2월에 운행하고, 요금은 편도 성인 970엔이에요. 지정석은 예약이 필요하고 홋카이도 레일 패스도 사용할 수 있는 구간이니 레일패스로 여행하는 분이라면 꼭 타 보세요.

1 여기에서 포기하지 마.

ここで諦めないで。

ここで	諦めない	で
여기에서	포기하지 않다	(요구)

 동사의 ない형을 활용한 첫 번째 문장이에요. 요구의 의미 で를 붙이기만 하면 그 동작 하지 말라고 말리는 문장을 만들 수 있어요. 첫 번째 문장은 諦める를 사용한 문장이에요.

諦める	포기하다, 체념하다
諦めない	포기하지 않다, 포기하지 않는
諦めないで	포기하지 마

 諦めない에 で를 붙여서 諦めないで라고 하면 '포기하지 마'라는 요구의 문장이에요.

 1강에서 연습한 동사의 ない형에 で를 붙여서 연습해 볼래요.

選ぶ	고르다
選ばないで	고르지 마

急_{いそ}ぐ	서두르다	
急_{いそ}がないで	서두르지 마	
踏_ふむ	(발로) 밟다	
踏_ふまないで	(발로) 밟지 마	
けんかする	싸움하다	
けんかしないで	싸우지 마	
来_くる	오다	
来_こないで	오지 마	

 이때 좀 더 강하게 어필하고 싶다면 2권 1강에서 배운 종조사 よ를 활용해서 이렇게 말해 보세요

포기하지 말라고!

諦_{あきら}めないでよ。

 그리고 좀 더 부드럽게 말하고 싶다면 종조사 ね를 사용해서 이렇게 말해 보세요.

포기하지 말았으면 해.

諦_{あきら}めないでね。

2 시간은 충분하니 서두르지 마세요.

じゅうぶん <ruby>十分<rt></rt></ruby>な<ruby>時間<rt>じかん</rt></ruby>があるので<ruby>急<rt>いそ</rt></ruby>がないでください。

<ruby>十分<rt>じゅうぶん</rt></ruby>な	<ruby>時間<rt>じかん</rt></ruby>が	あるので	<ruby>急<rt>いそ</rt></ruby>がないで	ください
충분한	시간이	있으니	서두르지	마세요

 2권 5강에서 배운 ので가 나왔네요.

 잘 기억하고 있네요. 이유를 말하는 방법 중에 하나죠. 이번 문장에서는 1번에서 배운 요구의 문장을 정중형으로 만들어 볼게요. '주세요'에 해당하는 ください만 추가하면 정중한 문장이 만들어져요.

<ruby>急<rt>いそ</rt></ruby>ぐ	서두르다
<ruby>急<rt>いそ</rt></ruby>がない	서두르지 않다, 서두르지 않는
<ruby>急<rt>いそ</rt></ruby>がないで	서두르지 마
<ruby>急<rt>いそ</rt></ruby>がないでください	서두르지 마세요

 어디에선가 본 거 같은데… 혹시 3권 2강에서 배운 동사의 て형+ください랑 결이 같은 건가요?

 (감격)맞아요. 3권 2강에서는 동사의 て형+ください를 사용해서 '동작해 주세요'라는 표현을 배웠죠. 이번에는 동사의 ない형+でください를 사용해서 '동작하지 말아 주세요'라는 표현을 배우는 거예요.

 (스스로 대견)복습의 중요성!

選<ruby>え<rt>え</rt></ruby>ぶ	고르다
選<ruby>え<rt>え</rt></ruby>ばないでください	고르지 마세요

急<ruby>いそ<rt>いそ</rt></ruby>ぐ	서두르다
急<ruby>いそ<rt>いそ</rt></ruby>がないでください	서두르지 마세요

踏<ruby>ふ<rt>ふ</rt></ruby>む	(발로) 밟다
踏<ruby>ふ<rt>ふ</rt></ruby>まないでください	(발로) 밟지 마세요

けんかする	싸움하다
けんかしないでください	싸우지 마세요

来<ruby>く<rt>く</rt></ruby>る	오다
来来<ruby>こ<rt>こ</rt></ruby>ないでください	오지 마세요

3 그건 좀 어울리지 않을 거 같아.

それはちょっと似合_{に あ}わないと思_{おも}う。

それは	ちょっと	似合_{に あ}わない	と思_{おも}う
그건	좀	어울리지 않을	거 같아(거라고 생각해)

 2권에서 배운 추측 또는 판단의 용법인 と思う를 동사의 ない형에
적용하면 '동작하지 않을 거 같다'라는 문장을 만들 수 있어요.

 (2권을 열심히 찾아본다)아! 2권 4강 4번에서 배운 거 말하는 거죠?! 역
시 복습은 중요해요!

 그죠! 그럼 다음 문장을 정중형인 ます형으로 만들어 보세요!

要_いらない	と思_{おも}う
필요하지 않을	거 같아(거라고 생각해)

燃_もえない	と思_{おも}う
(불에) 타지 않을	거 같아(거라고 생각해)

 思_{おも}う는 1그룹 동사니까 마지막 글자를 い단으로 바꾸고 ます를
붙여서 思_{おも}います라고 하면 되겠네요.

要_いらないと思_{おも}います。 필요하지 않을 거 같아요. (거라고 생각해요)
燃_もえないと思_{おも}います。 (불에) 타지 않을 거 같아요. (거라고 생각해요)

문법정리

동사 ない형의 활용

けんかしないで	싸우지 마
けんかしないでください	싸우지 마세요
けんかしないと思^{おも}う	싸우지 않을 거라고 생각해
けんかしないと思^{おも}います	싸우지 않을 거라고 생각해요

다음 제시어를 사용하여 문장을 완성하시오.

1) 黄色い線を踏む 황색 선을 밟다
   きいろ せん ふ

황색 선을 밟지 마.
황색 선을 밟지 마세요.
황색 선을 밟지 않을 거 같아.
황색 선을 밟지 않을 거 같아요.

2) ハイヒールをはく 하이힐을 신다

하이힐을 신지 마.

하이힐을 신지 마세요.

하이힐을 신지 않을 거라고 생각해.

하이힐을 신지 않을 거라고 생각해요.

3) 荷物を預ける **짐을 맡기다**

짐을 맡기지 마.

짐을 맡기지 마세요.

짐을 맡기지 않을 거 같아.

짐을 맡기지 않을 거 같아요.

4) 真夏<ruby>真夏<rt>まなつ</rt></ruby>には来<ruby>来<rt>く</rt></ruby>る **한여름에는 오다**

한여름에는 오지 마.
한여름에는 오지 마세요.
한여름에는 오지 않을 거 같아.
한여름에는 오지 않을 거 같아요.

5) お酒<ruby>酒<rt>さけ</rt></ruby>を飲<ruby>飲<rt>の</rt></ruby>んだら運転<ruby>運転<rt>うんてん</rt></ruby>する **술을 마셨다면 운전하다**

술을 마셨다면 운전하지 마.
술을 마셨다면 운전하지 마세요.

술을 마셨다면 운전하지 않을 거라고 생각해.

술을 마셨다면 운전하지 않을 거라고 생각해요.

정답확인

1) 黄色い線を踏む 황색 선을 밟다
　　きいろ　せん　ふ

황색 선을 밟지 마.
黄色い線を踏まないで。 きいろ　せん　ふ
황색 선을 밟지 마세요.
黄色い線を踏まないでください。 きいろ　せん　ふ
황색 선을 밟지 않을 거 같아.
黄色い線を踏まないと思う。 きいろ　せん　ふ　　おも
황색 선을 밟지 않을 거 같아요.
黄色い線を踏まないと思います。 きいろ　せん　ふ　　おも

2) ハイヒールをはく 하이힐을 신다

하이힐을 신지 마.
ハイヒールをはかないで。

하이힐을 신지 마세요.
ハイヒールをはかないでください。
하이힐을 신지 않을 거라고 생각해.
ハイヒールをはかないと<ruby>思<rt>おも</rt></ruby>う。
하이힐을 신지 않을 거라고 생각해요.
ハイヒールをはかないと<ruby>思<rt>おも</rt></ruby>います。

3) <ruby>荷物<rt>にもつ</rt></ruby>を<ruby>預<rt>あず</rt></ruby>ける 짐을 맡기다

짐을 맡기지 마.
<ruby>荷物<rt>にもつ</rt></ruby>を<ruby>預<rt>あず</rt></ruby>けないで。
짐을 맡기지 마세요.
<ruby>荷物<rt>にもつ</rt></ruby>を<ruby>預<rt>あず</rt></ruby>けないでください。
짐을 맡기지 않을 거 같아.
<ruby>荷物<rt>にもつ</rt></ruby>を<ruby>預<rt>あず</rt></ruby>けないと<ruby>思<rt>おも</rt></ruby>う。
짐을 맡기지 않을 거 같아요.
<ruby>荷物<rt>にもつ</rt></ruby>を<ruby>預<rt>あず</rt></ruby>けないと<ruby>思<rt>おも</rt></ruby>います。

4) 真夏には来る 한여름에는 오다

한여름에는 오지 마.
真夏には来ないで。
한여름에는 오지 마세요.
真夏には来ないでください。
한여름에는 오지 않을 거 같아.
真夏には来ないと思う。
한여름에는 오지 않을 거 같아요.
真夏には来ないと思います。

5) お酒を飲んだら運転する 술을 마셨다면 운전하다

술을 마셨다면 운전하지 마.
お酒を飲んだら運転しないで。
술을 마셨다면 운전하지 마세요.
お酒を飲んだら運転しないでください。

술을 마셨다면 운전하지 않을 거라고 생각해.

お酒を飲んだら運転しないと思う。

술을 마셨다면 운전하지 않을 거라고 생각해요.

お酒を飲んだら運転しないと思います。

축제의 나라에서는 겨울에도 축제를 멈추지 않아

동사 ない형 활용 2 (조연, 허가)

저번에 늦잠을 자서 깨웠더니 잠결에 엄청나게 신경질을 내더라구요….

뿌에에엥!

정말 안 되겠네요. 혼나야겠어요.

쓰윽

아하하! 여러분 죄송합니다. 본의 아니게 저희 집에 다 초대를 해 버렸네요!

…

이왕 이렇게 된 거 집에서 셋이 식사나 하시죠!

밖에 나가기로 했잖아!

나가서 공부해야죠!

추운 날에는 외출하지 않는 편이 좋아.[1]

감기 걸려요..

아까 냉장고를 열어 봤는데 집에 먹을 것도 없던데….

텅 텅

...

그건 걱정하지 않아도 괜찮아.(3)

방금 일어나면서 배고파서 바로 배달시켜 놨거든.

빠르다….

그럴 거면 금방 좀 일어나지….

후스

그나저나 일본에서는 요새 눈축제들이 한창이라고 하던데요?

맞아요! 지금 여러 지역에서 열리고 있어요.

대표적으로는 홋카이도에서 많이 열리지만,
아키타현이나 니이가타현, 토치기현에서도 열린답니다.

오!

와, 재밌겠다!

저도 정말 눈축제에 가 보는 게
소원이에요!

눈으로 만든 다양한 조형물들도 구경하고, 털게 요리도 먹고, 미소라멘에…
징기스칸도 빠질 수 없고요! 가리비구이에다가… 샤브샤브….

눈축제가 메인이 아닌 것
같은데….

흠냐

흠냐

약속 시간을 못 지킨 사죄의 뜻이에요.
맛있게 드세요!

잘 먹겠습니다!

그러면 밥 먹고
다들 어디 가시나요?
저는 못 잔 잠을
다시 청해 볼까
하는데….

바로 되돌아가지 않아도 괜찮아요. [4]

우리 밥 먹고 원래 하기로 했던
일본어 공부를 해 볼까요?

아닛..!

끄응… 천천히 먹어야겠다….

일본통 日本通 되기!

눈축제 雪まつり

'중국 하얼빈 얼음축제', '캐나다 퀘벡 윈터 카니발'과 함께 세계 3대 눈축제로 알려진 '삿포로 눈축제'가 일본에서 가장 크고 유명한 눈축제예요. 일본의 겨울은 시베리아 지방으로부터 불어오는 대륙성 기류로 추워지는데, 특히 호쿠리쿠 北陸 지방은 세계에서도 손꼽히는 대설 지역이에요. 이렇게 적설량이 많은 지역은 눈이 오면 일상 생활이 어려울 만큼 고생스러운데 그 눈을 이용해서 축제를 만들고 이를 다 함께 즐기게 됐어요. 그리고 이렇게 내린 눈은 수력발전 등에 이용되는 소중한 수자원이기도 해요. 주로 2월에 눈축제가 열리고 있는데 그중 유명한 눈축제를 소개할게요. 대부분의 눈축제는 관리와 유지 때문에 짧은 기간 열리고 있어서 관광객이 한꺼번에 몰리니 미리 교통편과 숙박을 예약하는 게 좋아요.

1 삿포로 눈축제 さっぽろ雪祭り

1950년부터 홋카이도 삿포로시의 오-도-리 공원大通公園에 몇몇 학생들이 눈 조각품을 만들던 것을 시작으로 지금은 홋카이도 최대 겨울 축제로 매년 수백만 명의 관광객을 유치하고 있어요. 축제 때는 400점이 넘는 눈과 얼음 조각상이 전시되고, 군인이 동원될 정도로 규모가 큰 행사예요. 2월 초에 시작해서 일주일 정도만 이어지는 축제이지만, 작품이 만들어지는 한 달여의 과정

을 지켜보는 것도 삿포로 사람들의 즐거움 중에 하나예요. 밤이 되면 화려한 일루미네이션이 켜지면서 낮보다 화려한 눈의 세계를 연출해요.

2 오타루 눈빛거리 小樽雪あかりの路

홋카이도 삿포로의 근교에 위치한 항구 도시 오타루小樽에서는 2월에 눈빛거리를 조성해 눈을 즐기고 있어요. 오타루 운하를 따라 조성된 반짝이는 눈 조각상과 촛불이 어우러진 모습은 비현실적일 만큼 아름다워요. 고풍스러운 운하의 도시인 오타루의 이미지와 어울리게 실제 촛불을 사용하기 때문에 매일 지역 자원봉사자들이 촛불을 관리하고 있어요. 운하 수면에는 이 지역의 특산물 중 하나인 유리공예품을 이용해 촛불들이 띄워지면서 밤하늘의 별처럼 반짝이는 운하를 볼 수 있어요.

3 아사히카와 겨울 축제 旭川冬祭り^{あさひかわゆきまつ}

홋카이도 중부 지역 아사히카와旭川^{あさひかわ}에서도 2월 초에 2주 동안 큰 눈축제가 열려요. 거대한 눈 조각 무대에서 라이브 공연이 열리기도 하고, 축제 초반에는 전문가가 눈 조각을 하는 현장도 볼 수 있어요. 해가 지면 마법 같은 조명이 들어오면서 낮보다 밤이 화려해지는 곳이에요. 삿포로에서 아사히카와까지 특급 열차로 1시간 40분이면 갈 수 있고, 아사히카와역에서 아사히바시 눈축제 현장까지 정기적으로 무료 서틀버스를 운행하고 있어요. 삿포로 눈축제보다 한적한 분위기에서 눈의 세계를 즐길 수 있어요.

4 요코테 눈축제 横手の雪祭り^{よこて}^{ゆきまつ}

아키타현 요코테에서는 수많은 크고 작은 이글루를 볼 수 있는 눈축제가 열려요. 아키타현은 우리나라 드라마 '아이리스'의 로케지로 유명한 곳이기도 해서 눈이 많이 온다는 것은 알려져 있지만 이렇게 멋진 눈축제가 있다는 건 아직 잘 알려져 있지 않아요. 이글루 안에서 현지 주민이 만드는 일본식 떡もち과 따뜻하게 마시는 전통 음료 아마자케甘酒^{あまざけ}를

즐길 수 있어요. 밤에는 수백 개의 이글루 내부에 조명이 켜지면서 따뜻하고 로맨틱한 분위기기를 자아내는데, 동화 속의 한 장면에 들어온 거 같은 기분을 느낄 수 있어요. 이 축제는 보통 2월 중순에 2~3일간 열려요. 도쿄에서는 JR 아

키타 신칸센을 타고 오-마가리역大曲駅(おおまがりえき)까지 3시간 반, 그런 다음 JR 오우우본선奥羽本線(おううほんせん)을 타고 20분 정도 더 가서 요코테역横手駅(よこてえき)에 내리면 축제장에 도보로 이동할 수 있어요.

5 토-카마찌 눈축제 十日町雪祭り(とおかまちゆきまつ)

좋은 쌀과 물이 유명한 니이가타현新潟県(にいがたけん) 토-카마찌十日町(とおかまち)에서 매년 2월 중순에 열리는 눈축제예요. 기네스북 기록을 보유한 대규모 설상 무대와 설상 카니발을 즐기러 일본 국내는 물론이고 전 세계에서 매년 30만 명의 관광객이 방문하는 니이가타현 최대 축제예요. 사실상 이곳의 눈축제가 일본의 현대식 눈축제의 발상지라고도 할 수 있어요. 도쿄역에서 조-에쯔 신칸센上越新幹線(じょうえつしんかんせん)을 타고 1시간 반 걸리는 에치고유자와역越後湯沢駅(えちごゆざわえき)까지 가서 호쿠호쿠선ほく

ほく^{せん}線으로 환승, 30분 정도 걸리는 토-카마찌역十日町駅^{とおかまちえき}에서 내리세요. 축제기간에는 토-카마찌역과 축제장을 연결하는 '눈축제 순회 버스'도 운행해요.

6 유니시가와 온천 카마쿠라 축제 湯西川温泉^{ゆにしがわおんせん}かまくら祭り^{まつ}

　도쿄에서 멀지 않은 토치기현栃木県^{とちぎけん}의 닛코日光^{にっこう}에서도 눈축제를 만나 볼 수 있어요. 닛코는 3권 4강에서도 소개한 적 있는 인기 있는 도쿄 근교 여행지예요. 축제는 닛코의 유니시가와 온천湯西川温泉^{ゆにしがわおんせん} 지역에서 열리고, 매년 1월 말에서 2월 말 또는 3월 초까지 개최하고 있어요. 촛불 점등은 기간에 따라서 금, 토, 일요일만 하기도 하니 가시기 전에 미리 확인해야 해요. 수백 개의 이글루 속의 촛불이 사와구치沢口^{さわぐち} 강둑을 밝히고 있어서 동화 나라 속 겨울 왕국에 들어와 있는 기분을 느낄 수 있어요. 대형 이글루 안에서 식사도 할 수 있고, 미리 예약하면 바비큐를 즐길 수도 있어요. 도쿄에서는 JR과 도부 철도를 이용해서 키누가와 온천역鬼怒川温泉駅^{きぬがわおんせんえき}까지 직행 특급열차로 약 2시간 걸려요. 유니시가와 온천까지는 키누가와 온천역에서 버스를 타면 약 1시간, 유니시가와 온천역湯西川温泉駅^{ゆにしがわおんせんえき}에서는 30분 정도 걸려요.

일본어정복

1 추운 날은 외출하지 않는 편이 좋아.⁽¹⁾

寒い日は出かけない方がいい。

寒い	日は	出かけない	方が	いい
추운	날은	외출하지 않는	편이	좋아

동작에 대해서 조언할 때 쓸 수 있는 표현을 알아볼게요. 동사의 ない형에 方がいい를 붙이면 돼요.

出かける	외출하다
出かけない	외출하지 않다, 외출하지 않는
出かけない方がいい	외출하지 않는 편이 좋아

이번 ない형의 해석은 형용사처럼 명사를 꾸며 주는 해석이네요.

몇 가지 더 연습해 봐요.

落とす	떨어뜨리다
落とさない	떨어뜨리지 않다, 떨어뜨리지 않는
落とさない方がいい	떨어뜨리지 않는 편이 좋아

伝^{った}える	전하다	
伝^{った}えない	전하지 않다, 전하지 않는	
伝^{った}えない方^{ほう}がいい	전하지 않는 편이 좋아	
外食^{がいしょく}する	외식하다	
外食^{がいしょく}しない	외식하지 않다, 외식하지 않는	
外食^{がいしょく}しない方^{ほう}がいい	외식하지 않는 편이 좋아	

 이걸 의문문으로도 할 수 있겠네요? 반말이니까 마지막을 살짝 올려 주기만 하면 될 거 같은데요.

 우리말하고 같죠. 이렇게 하면 되는 거예요.

1) 寒^{さむ}い日^ひは出^でかけない方^{ほう}がいい？ 추운 날에는 외출하지 않는 편이 좋아?
2) 落^おとさない方^{ほう}がいい？ 떨어뜨리지 않는 편이 좋아?
3) 伝^{った}えない方^{ほう}がいい？ 전하지 않는 편이 좋아?
4) 外食^{がいしょく}しない方^{ほう}がいい？ 외식하지 않는 편이 좋아?

2 마구로 센세는 깨우지 않는 편이 좋아요.⁽²⁾

マグロ先生は起こさない方がいいです。

マグロ先生は	起こさない	方がいいです
마구로 센세는	깨우지 않는	편이 좋아요

 1번 표현의 정중형이에요. '깨우다'라는 동사 起こす를 사용했어요.

 정중형으로 바꾸는 건 어렵지 않네요. いい가 형용사이니까 1권에서 배운 대로 です를 사용하면 되겠네요

 이 표현을 명사와 형용사에도 사용할 수 있어요. 먼저 명사 문장부터 만들어 볼게요.

和室	화실(일본식 방, 다다미방)
和室じゃない	화실이 아니다, 화실이 아닌
和室じゃない方がいい	화실이 아닌 편이 좋아
和室じゃない方がいいです	화실이 아닌 편이 좋아요

 和室는 다다미방에 이불을 깔고 자는 방을 말하는 건가요? 그렇다면 침대가 있는 방은 뭐라고 하나요?

 침대가 있는 방은 洋室라고 해요. 우리는 우리 것을 말할 때 한韓을 붙여서 말하죠.

 한식, 한우, 한과, 한복, 한류….

 일본의 것은 和를 붙여서 말하는 경우가 많아요.

和食<ruby>わしょく</ruby> 일본 음식

和風<ruby>わふう</ruby> 일본풍

和菓子<ruby>わがし</ruby> 일본 전통 과자

和服<ruby>わふく</ruby> 일본식 복장

 이번에는 い형용사로 만들어 볼게요.

難<ruby>むずか</ruby>しい	어렵다, 곤란하다
難<ruby>むずか</ruby>しくない	어렵지 않다, 어렵지 않은
難<ruby>むずか</ruby>しくない方<ruby>ほう</ruby>がいい	어렵지 않은 편이 좋아
難<ruby>むずか</ruby>しくない方<ruby>ほう</ruby>がいいです	어렵지 않은 편이 좋아요

 마지막으로 な형용사예요.

複雑<ruby>ふくざつ</ruby>だ	복잡하다
複雑<ruby>ふくざつ</ruby>じゃない	복잡하지 않다, 복잡하지 않은
複雑<ruby>ふくざつ</ruby>じゃない方<ruby>ほう</ruby>がいい	복잡하지 않은 편이 좋아
複雑<ruby>ふくざつ</ruby>じゃない方<ruby>ほう</ruby>がいいです	복잡하지 않은 편이 좋아요

 지금까지 배운 내용을 활용해서 다양한 문장을 만들 수 있다니, 퍼즐을 완성해 가는 기분이에요.

3 그건 걱정하지 않아도 괜찮아.⁽³⁾

それは心配^{しんぱい}しなくてもいい。

それは	心配^{しんぱい}しなくても	いい
그건	걱정하지 않아도	괜찮아

 어어어, 뭔가 복잡해졌어요. (멘탈 고장)

 정신 줄 놓지 마요. '걱정하다'라는 동사 心配^{しんぱい}する의 ない형을 활용한 허가의 표현이에요.

心配^{しんぱい}する	걱정하다
心配^{しんぱい}しない	걱정하지 않다, 걱정하지 않는
心配^{しんぱい}しなくて	걱정하지 않아(서)
心配^{しんぱい}しなくても	걱정하지 않아도

 이제 알겠네요. 이거 1권 8강에서 공부한 い형용사의 연결형이네요. 마지막 글자 い를 지우고 くて를 넣어서 연결형을 만들었고, 거기에 조사 も가 붙어서 '동작하지 않아도'가 된 거군요.

 (감격)

 제가 지금 습관성 자신감이 가득하니, 몇 개 더 연습해 봐요!

停^とまる	정차하다
停^とまらない	정차하지 않다, 정차하지 않는

<ruby>停<rt>と</rt></ruby>まらなくて	정차하지 않아(서)	
<ruby>停<rt>と</rt></ruby>まらなくても	정차하지 않아도	

<ruby>出席<rt>しゅっせき</rt></ruby>する	출석하다
<ruby>出席<rt>しゅっせき</rt></ruby>しない	출석하지 않다, 출석하지 않는
<ruby>出席<rt>しゅっせき</rt></ruby>しなくて	출석하지 않아(서)
<ruby>出席<rt>しゅっせき</rt></ruby>しなくても	출석하지 않아도

<ruby>来<rt>く</rt></ruby>る	오다
<ruby>来<rt>こ</rt></ruby>ない	오지 않다, 오지 않는
<ruby>来<rt>こ</rt></ruby>なくて	오지 않아(서)
<ruby>来<rt>こ</rt></ruby>なくても	오지 않아도

 유리링: 연습한 단어로 문장을 만들어 볼게요.

1) サービスエリアに<ruby>停<rt>と</rt></ruby>まらなくてもいい。

휴게소에 정차하지 않아도 괜찮아.

2) たまには<ruby>出席<rt>しゅっせき</rt></ruby>しなくてもいい。　가끔은 출석하지 않아도 괜찮아.

3) <ruby>雨<rt>あめ</rt></ruby>の<ruby>日<rt>ひ</rt></ruby>は<ruby>来<rt>こ</rt></ruby>なくてもいい。　비 오는 날은 오지 않아도 괜찮아.

すぐに戻らなくてもいいです。

すぐに	戻らなくても	いいです
바로	되돌아가지 않아도	괜찮아요

 3번의 문장을 정중형으로 만드는 건 이제 어렵지 않죠? い형용사처럼 です를 붙이면 정중형이 만들어져요. '돌아가다'라는 동사 戻る를 사용했어요.

 이 문형도 명사와 형용사로도 만들 수 있나요?

 네, 명사 문장부터 만들어 볼게요.

グリーン車	그린차(신칸센 특실)
グリーン車じゃない	그린차가 아니다, 그린차가 아닌
グリーン車じゃなくて	그린차가 아니어(서), 그린차가 아니고
グリーン車じゃなくても	그린차가 아니어도
グリーン車じゃなくてもいい	그린차가 아니어도 괜찮아
グリーン車じゃなくてもいいです	그린차가 아니어도 괜찮아요

 어? 명사는 なくて의 해석이 '아니어서'와 '아니고' 두 가지네요.

 명사와 형용사는 なくて의 두 가지 해석이 가능하고 문맥에 맞는 자연스러운 해석을 하면 돼요. 예문을 보여 줄게요.

1) グリーン車じゃなくて座席幅が狭いです。

그린차가 아니어서 좌석 폭이 좁아요.

2) グリーン車じゃなくて普通車です。　그린차가 아니고 일반석이에요.

 이번에는 い형용사 문장이에요.

かっこいい	근사하다, 멋있다
かっこよくない	멋있지 않다, 멋있지 않은
かっこよくなくて	멋있지 않아(서), 멋있지 않고
かっこよくなくても	멋있지 않아도
かっこよくなくてもいい	멋있지 않아도 괜찮아
かっこよくなくてもいいです	멋있지 않아도 괜찮아요

 ない형이 왜 かっこいくない가 아닌 거죠? 뭔가 잘못됐어요!

 진정하고 1권 7강 문법 정리 페이지 마지막 부분을 보세요.

 (1권을 펼쳐 보는 마구로 센세)형용사 いい는 활용할 때 예외적으로 よい로 바뀐다는 부분이군요. 그렇다면 かっこいい는 かっこ와 いい가 합쳐진?

 네, 맞아요. かっこいい는 '모양, 모습'이라는 단어 格好와 '좋다'의 いい가 합쳐져서 만들어진 단어예요.

 아, 그래서 かっこよくない가 되는 거군요. 납득!

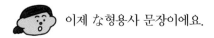이제 な형용사 문장이에요.

せいかく 正確だ	정확하다
せいかく 正確じゃない	정확하지 않다, 정확하지 않은
せいかく 正確じゃなくて	정확하지 않아(서), 정확하지 않고
せいかく 正確じゃなくても	정확하지 않아도
せいかく 正確じゃなくてもいい	정확하지 않아도 괜찮아
せいかく 正確じゃなくてもいいです	정확하지 않아도 괜찮아요

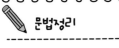

문법정리

----

1) ない方がいい

동사 + ない方がいい	동사 + 하지 않는 편이 좋아
명사 + じゃない方がいい	명사 + 가 아닌 편이 좋아
い형용사 + くない方がいい	형용사 + 하지 않은 편이 좋아
な형용사 + じゃない方がいい	형용사 + 하지 않은 편이 좋아

2) なくてもいい

동사 + なくてもいい	동사 + 하지 않아도 괜찮아
명사 + じゃなくてもいい	명사 + 가 아니어도 괜찮아
い형용사 + くなくてもいい	형용사 + 하지 않아도 괜찮아
な형용사 + じゃなくてもいい	형용사 + 하지 않아도 괜찮아

다음 제시어를 사용하여 문장을 완성하시오.

1) 食べ過ぎる 과식하다

과식하지 않다, 과식하지 않는	
과식하지 않는 편이 좋아	
과식하지 않는 편이 좋아요	

2) パッケージツアー 패키지 여행, 단체 여행

패키지 여행이 아니다, 패키지 여행이 아닌	
패키지 여행이 아닌 편이 좋아	
패키지 여행이 아닌 편이 좋아요	

3) きつい 꽉 끼다, 고되다

꽉 끼지 않다, 꽉 끼지 않는	
꽉 끼지 않은 편이 좋아	
꽉 끼지 않은 편이 좋아요	

4) 派手だ〔は で〕 화려하다, 눈에 띄다

화려하지 않다, 화려하지 않은	
화려하지 않은 편이 좋아	
화려하지 않은 편이 좋아요	

5) 乗り換える〔の か〕 갈아타다, 환승하다

갈아타지 않다, 갈아타지 않는	
갈아타지 않아(서)	
갈아타지 않아도	
갈아타지 않아도 괜찮아	
갈아타지 않아도 괜찮아요	

이어서 >>

6) 指定席 ^{していせき} 지정석 (기차 등의 예약석)

지정석이 아니다, 지정석이 아닌	
지정석이 아니어(서), 지정석이 아니고	
지정석이 아니어도	
지정석이 아니어도 괜찮아	
지정석이 아니어도 괜찮아요	

7) 広い ^{ひろ} 넓다

넓지 않다, 넓지 않은	
넓지 않아(서), 넓지 않고	
넓지 않아도	
넓지 않아도 괜찮아	
넓지 않아도 괜찮아요	

8) 特別だ **특별하다**

특별하지 않다, 특별하지 않은	
특별하지 않아(서), 특별하지 않고	
특별하지 않아도	
특별하지 않아도 괜찮아	
특별하지 않아도 괜찮아요	

1) 食べ過ぎる 과식하다

과식하지 않다, 과식하지 않는	食べ過ぎない。
과식하지 않는 편이 좋아	食べ過ぎない方がいい。
과식하지 않는 편이 좋아요	食べ過ぎない方がいいです。

2) パッケージツアー 패키지 여행, 단체 여행

패키지 여행이 아니다, 패키지 여행이 아닌	パッケージツアーじゃない。
패키지 여행이 아닌 편이 좋아	パッケージツアー じゃない方がいい。
패키지 여행이 아닌 편이 좋아요	パッケージツアー じゃない方がいいです。

3) きつい 꽉 끼다, 고되다

꽉 끼지 않다, 꽉 끼지 않는	きつくない。
꽉 끼지 않은 편이 좋아	きつくない方がいい。
꽉 끼지 않은 편이 좋아요	きつくない方がいいです。

4) 派手^{はで}だ 화려하다, 눈에 띄다

화려하지 않다, 화려하지 않은	派手^{はで}じゃない。
화려하지 않은 편이 좋아	派手^{はで}じゃない方^{ほう}がいい。
화려하지 않은 편이 좋아요	派手^{はで}じゃない方^{ほう}がいいです。

5) 乗^のり換^かえる 갈아타다, 환승하다

갈아타지 않다, 갈아타지 않는	乗^のり換^かえない。
갈아타지 않아(서)	乗^のり換^かえなくて
갈아타지 않아도	乗^のり換^かえなくても
갈아타지 않아도 괜찮아	乗^のり換^かえなくてもいい。
갈아타지 않아도 괜찮아요	乗^のり換^かえなくてもいいです。

이어서 >>

6) 指定席 지정석 (기차 등의 예약석)

지정석이 아니다, 지정석이 아닌	指定席じゃない。
지정석이 아니어(서), 지정석이 아니고	指定席じゃなくて
지정석이 아니어도	指定席じゃなくても
지정석이 아니어도 괜찮아	指定席じゃなくてもいい。
지정석이 아니어도 괜찮아요	指定席じゃなくてもいいです。

7) 広い 넓다

넓지 않다, 넓지 않은	広くない。
넓지 않아(서), 넓지 않고	広くなくて
넓지 않아도	広くなくても
넓지 않아도 괜찮아	広くなくてもいい。
넓지 않아도 괜찮아요	広くなくてもいいです。

8) 特別だ 특별하다

특별하지 않다, 특별하지 않은	特別じゃない。
특별하지 않아(서), 특별하지 않고	特別じゃなくて
특별하지 않아도	特別じゃなくても
특별하지 않아도 괜찮아	特別じゃなくてもいい。
특별하지 않아도 괜찮아요	特別じゃなくてもいいです。

일본의 황금어장,
두 해류가 만나는
나루토 해협

동사 ない형 활용 3
(의무)

유독 요즘
배를 많이 타는 것 같은 건
제 착각일까요?

그러게요. 어쩌다 보니….

사실 저는 배 타는 건 일 년에 어쩌다 한 번이고
배보단 비행기를 더 좋아하는 타입!
그리고 멀미도 은근 심해서
멀미약을 꼭 먹어야 하는데
마침 까먹고 챙겨 오질 못했….

자, 여기 멀미약
꼭 챙겨 드세요.

멀미약을 먹지
않으면 안 돼.[4]

네…. 먹긴 먹겠지만
뭔가 무서운데요.

무섭긴요. 조심해서
나쁠 건 없어요.

끄덕

조심할 일을 안 만들면
될 거 같은데….

중얼 중얼

오늘 우리는
나루토 해협을
구경하러 갈 거예요!

밀물과 썰물
두 해류가 섞이면서 발생하는
소용돌이를 볼 수 있다구요!

…

멀미약 좀 몇 개 더 여분으로
사 와야겠어요….

그런데 해류가 매번 있는 건 아닐 테고….
갔는데 못 보면 어떡하죠?

히히히

홈페이지에서 시간표를
확인하지 않으면 안 됩니다.[1]

시간표

아하! 홈페이지! 좋았어!

다행히 저희가 타는 시간에 제일 잘 보인대요!

···

탁

탁

새로고침 그만하고 슬슬 타러 갈까요?

넵….

그런데 혹시 여권 챙겼나요?

우와!
저기 좀 봐요!

바닷물이 빙글빙글 돌고 있어요!

빙글

빙글

너무 신기한데요?

오길 잘했죠?

끄응…
오기 전엔 계속 투정을 부렸지만
오길 잘한 것 같네요.

잠깐... 계속 보다 보니 눈이 핑핑 도는 것 같은데….

왜 그러세요, 마구로?

소용돌이를 계속 보고 있으니 어지러워서요….

털썩

멀미약의 약효가 다 떨어졌나….

그렇다면…

배에서 내리면 야끼니쿠를 사 줄게요!

반짝!

완쾌!

약속을 지키지 않으면 안 돼요.[3]

네…. 마구로에게는 멀미약보다 야키니쿠구나….

일본은 섬나라이다 보니 바다에 접하는 면적도 넓고 태평양과 접한 지정학적 특성상 해양 환경도 풍부하고 다양해요. 지도에서 보면 북쪽으로는 러시아 사할린섬 근처에서부터 남쪽으로는 대만 바로 옆까지 일본의 섬이 퍼져 있어서 유빙을 볼 수 있는 바다와 산호초를 볼 수 있는 아열대의 바다까지 모두 국내 여행으로 가능한 나라예요. 일반적으로 온대기후가 많지만 홋카이도北海道와 도호쿠東北 일부 지역은 냉대기후에 속하며, 반대로 오키나와현沖縄県과 오가사와라小笠原제도는 아열대기후와 열대기후예요. 하나의 나라에서 극과 극을 체험할 수 있는 환경이라고 할 수 있죠.

1 해류

일본의 해류는 태평양 측의 난류와 한류, 동해 측의 난류와 한류 총 4개가 흐르고 있고, 난류와 한류가 만나는 지점은 황금 어장을 형성하고 있어요. 동해에는 츠시마해류対馬海流와 리만해류リマン海流가 있고, 태평양에는 쿠로시오黒潮라고 부르는 일본해류日本海流와 오야시오親潮라고 부르는 치시마해류千島海流가 있어요. 태평양 쪽의 해류는 모두 별명이 붙어 있는데, 난류는 검은 해류라는 의미의 쿠로시오고, 한류는 부모해류라는 의미의 오야시오예요. 난류인 쿠로시오는 영양분이 적어서 투명도가 높고 검푸르게 보인다는 의미로 지어진 별명이에요. 그리고 한류인 오야시오는 영양분이 풍부해서 '생선을 키우는 부모 같은 존재'라는 의미로 붙여진 별명이에요. 이런 해류의 영향으로 사계절 다양한 해산물이 잡히고 날씨에도 많은 영향을 주고 있어요. 특히 니이가타新潟와 호쿠리쿠北陸 지역은 겨울에 쿠로시오해류의 지류인 츠시마 난류의 영

향을 직접적으로 받아 폭설이 내
려요. 세계 3대 어장에 꼽히는 태
평양의 난류를 따라서는 주로 참
치와 가다랑어가 올라오고, 한류
를 따라서는 꽁치와 명태가 내려
와요. 그리고 동해의 난류를 따라
서는 방어가 올라오고, 한류를 따
라서는 청어가 내려와요. 특히 태

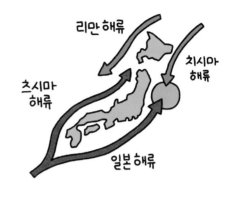

평양의 난류와 한류가 딱 부딪히는 이와테현岩手県의 산리쿠三陸 해안 근처
를 시오메潮目라고 부르고, 난류의 물고기와 한류의 물고기를 모두 잡을 수 있
는 위치라고 볼 수 있어요.

* 일본의 난류: 츠시마해류対馬海流, 일본해류日本海流(쿠로시오黒潮)
* 일본의 한류: 리만해류リマン海流, 치시마해류千島海流(오야시오親潮)

2 수산업

일본은 세계 제일의 수산물 소비국이다 보니 수산업 종사자나 어획량뿐만 아
니라 수산업 수입도 세계 1위예요. 게다가 각종 해류의 영향으로 일본 근해에는
정어리, 전갱이, 꽁치와 같은 작은 물고기부터 사람보다 큰 참다랑어에 이르기
까지 3,500여 종의 다양한 어류가 서식하고 있어요. 근래에는 수산자원의 감소
에 따라 생산량 안정화를 위해 양식이 중요시되기 시작했는데 양식어업과 재배

어업 기술도 세계적인 수준을 자랑해요.

3 특별한 바다 풍경 나루토해협 鳴門海峡

겨울에는 유빙을 볼 수 있는 바다부터 산호를 볼 수 있는 바다까지 다양한 바다를 즐길 수 있는데요. 좁은 해협을 따라 빠르게 이동하는 두 해류가 만나는 지점에서 만들어지는 소용돌이까지도 관광자원으로 만들어서 관광객을 불러 모으는 곳이 있어요. 바로 새토瀬戸 내해의 나루토해협이에요. 나루토해협은 세계에서 유속이 가장 빠른 해류가 흘러드는 곳으로, 도쿠시마현德島県의 나루토와 효고현兵庫県의 아와지섬淡路島 사이에 있어요. 밀물·썰물 때마다 두 해류가 섞이면서 발생하는데, 오-나루토교大鳴門橋에서 이 힘찬 물살이 해협 전체를 아우르며 빙빙 도는 모습을 볼 수도 있고 유람선을 타고 소용돌이치는 바다로 나가서 가까이에서 볼 수도 있어요. 이 소용돌이는 최대 20m에 달할 때도 있어서 보는 것만으로도 긴장될 정도예요. 애니메이션 우즈마키 나루토うずまきナルト가 이 소용돌이에서 영감을 받아 만들어진 캐릭터예요.

1) 시기

밀물과 썰물의 주기가 6시간 정도라서 나루토 소용돌이를 보기 가장 좋은 시간대는 날마다 일기를 비롯한 여러 가지 조건에 따라 달라져요. 그러니 미리 온라인으로 업데이트되는 조수 정보를 확인해야 해요. 소용돌이를 보기 가장 좋은 시기는 봄과 가을 썰물 때예요.

* 나루토시 우즈시오 관광협회 https://www.naruto-kankou.jp/

2) 오-나루토교 大鳴門橋

유리링의 추천 코스는 나루토 소용돌이를 오-나루토교에서 내려다보는 거

예요. 도쿠시마徳島와 아와지섬 淡路島을 잇는 오-나루토교에는 바닥이 투명한 유리 패널이어서 발밑에서 힘차게 소용돌이치는 바다를 실감나게 볼 수 있는 우즈노미치渦の道 보도가 있어요. 입장료는 성인 510엔이에요. 단, 고소공포증이 있는 분들은 비추!

* 우즈노미치渦の道 https://www.uzunomichi.jp/

3) 유람선

관광객에게 가장 인기 있는 코스는 관광 유람선을 타고 나가 갑판에 서서 가까이에서 소용돌이를 구경하는 거예요. 선체의 낮은 부분을 유리판으로 만들어 마치 해수면과 비슷한 높이에서 소용돌이를 감상하는 짜릿한 체험을 제공하는 배도 있어요. 배를 타면 나루토와 그 주

변 해안의 멋진 경치도 함께 감상할 수 있으니 도전해 보세요. 관광 유람선 가격은 성인 약 2,000엔 정도이고 예약 없이 가도 바로 승선 가능한 경우가 대부분이에요.

* 우즈시오 관조선うずしお観潮船 https://www.uzusio.com/
* 우즈시오 기선うずしお汽船 https://www.uzushio-kisen.com

1 홈페이지에서 시간표를 확인하지 않으면 안 됩니다.(1)

ホームページで時刻表を確認しなければなりません。

ホームページで	時刻表を	確認しなければ	なりません
홈페이지에서	시간표를	확인하지 않으면	안 됩니다

 동사의 ない형을 사용해서 의무의 표현을 만들어 볼게요.

 문장에는 동사의 ない형이 안 보이는데요.

 '확인하다'의 確認する가 약간의 변신을 해요.

確認する	확인하다
確認しない	확인하지 않다, 확인하지 않는
確認しなければ	확인하지 않으면

 마지막 글자 い가 빠지고 ければ가 들어갔네요.

 그렇게 되면 '동작하지 않으면'이 되는 거예요. 여기에 '안 됩니다'의 なりません을 붙여서 '동작하지 않으면 안 됩니다'라는 의무 표현이 완성되는 거죠.

 좀 복잡하지만 연습을 더 해 보면 할 수 있을 거 같아요.

着_きる	입다
着_きない	입지 않다, 입지 않는
着_きなければ	입지 않으면

払_{はら}う	납부하다
払_{はら}わない	납부하지 않다, 납부하지 않는
払_{はら}わなければ	납부하지 않으면

加入_{かにゅう}する	가입하다
加入_{かにゅう}しない	가입하지 않다, 가입하지 않는
加入_{かにゅう}しなければ	가입하지 않으면

 문장으로 만들어 볼게요.

1) ライフジャケットを着_きなければなりません。

구명조끼를 입지 않으면 안 됩니다.

2) 税金_{ぜいきん}を払_{はら}わなければなりません。 세금을 내지 않으면 안 됩니다.

3) 海外旅行保険_{かいがいりょこうほけん}に加入_{かにゅう}しなければなりません。

해외여행 보험에 가입하지 않으면 안 됩니다.

 (지친 표정)나가 주세요. 혼자 있고 싶어요.

여기에서 지치면 안 돼요! 조금 더 살펴볼 게 있어요. 다음 3가지 문장의 차이를 찾아보세요.

1) ホームページで時刻表(じこくひょう)を確認(かくにん)しなければ<u>なりません</u>。
2) ホームページで時刻表(じこくひょう)を確認(かくにん)しなければ<u>いけません</u>。
3) ホームページで時刻表(じこくひょう)を確認(かくにん)しなければ<u>だめです</u>。

 마지막 부분이 다르네요.

 3개의 문장 해석은 모두 같아요. 지금 배운 '동사+なければなりません'은 규범, 규칙에 대한 의무를 표현하는 거예요. 그리고 なりません 대신에 いけません을 쓰면 개인적인 판단에 대해서 표현하는 거예요. 마지막으로 なりません 대신에 だめです를 쓸 수도 있고, 역시 개인적인 판단에 대해서 표현하는 거예요.

 그렇다면 なりません은 사회적으로 반드시 지켜야 하는 의무, いけません과 だめです는 개인적으로 지켜야 하는 의무라고 생각하면 될까요? いけません과 だめです는 차이가 없나요?

 いけません보다 だめです가 더 편한 자리에서 사용할 수 있는 표현이에요.

사회적 의무	なければなりません
개인적 의무	なければいけません
개인적 의무	なければだめです

2 여권이 없으면 안 된다.(2)

パスポートがなければならない。

パスポートが	なければ	ならない
여권이	없으면	안 된다

 1강에서 동사의 ない형을 만드는 방법 중에 예외가 적용되는 동사가 1개 있다고 했는데 기억나요?

 '있다'의 ある가 예외였어요.

 맞아요. 이번 문장은 '있다'의 ある의 ない형을 사용했어요. 그리고 1번에서 배운 문장의 반말 표현이에요.

ある	있다
ない	없다
なければ	없으면

 '되다'라는 동사 なる의 ない형이 ならない예요. いけません과 だめです에 대한 반말 표현도 정리해 볼게요.

원형	정중형(ません 또는 です)	반말
なる	なりません	ならない
いける	いけません	いけない
だめだ	だめです	だめだ

그럼 이렇게 넣으면 되겠네요.

> 1) パスポートがなければ<u>ならない</u>。
>
> 2) パスポートがなければ<u>いけない</u>。
>
> 3) パスポートがなければ<u>だめだ</u>。

이 반말 표현은 줄여서도 많이 사용해요. なければ를 なきゃ라고 줄이고 다음에 오는 부분은 생략해도 같은 의미예요.

여권이	없으면	안 된다
パスポートが	なければ	ならない / いけない / だめだ
パスポートが	なきゃ	

---

3 약속을 지키지 않으면 안 돼요.(3)

^{やくそく} ^{まも}
約束を守らなくてはなりません。

^{やくそく}約束を	^{まも}守らなくては	なりません
약속을	지키지 않으면	안 돼요

이번에도 역시 동사의 ない형을 사용한 의무의 표현인데 좀 더 회화체예요.

대화할 때는 이번 표현이 더 많이 쓰인다는 거죠? 그렇다면 꼭 알아둬야겠네요.

'지키다'의 守る를 사용한 문장이에요. 그리고 3강에서 배운 ない형의 연결형을 활용했어요.

守_{まも}る	지키다
守_{まも}らない	지키지 않다, 지키지 않는
守_{まも}らなくて	지키지 않아(서)
守_{まも}らなくては	지키지 않으면

 이번에는 연결형에 は가 더해지면서 '동작하지 않으면'이 되는 거네요. 다른 동사로도 연습해 보고 싶어요.

起_おきる	일어나다
起_おきない	일어나지 않다, 일어나지 않는
起_おきなくて	일어나지 않아(서)
起_おきなくては	일어나지 않으면

洗_{あら}う	씻다
洗_{あら}わない	씻지 않다, 씻지 않는
洗_{あら}わなくて	씻지 않아(서)
洗_{あら}わなくては	씻지 않으면

<ruby>覚<rt>おぼ</rt></ruby>える	외우다, 배우다
<ruby>覚<rt>おぼ</rt></ruby>えない	외우지 않다, 외우지 않는
<ruby>覚<rt>おぼ</rt></ruby>えなくて	외우지 않아(서)
<ruby>覚<rt>おぼ</rt></ruby>えなくては	외우지 않으면

 문장으로 만들어 봐요.

1) <ruby>明日<rt>あした</rt></ruby>は<ruby>早<rt>はや</rt></ruby>く<ruby>起<rt>お</rt></ruby>きなくてはなりません。

　내일은 일찍 일어나지 않으면 안 돼요.

2) <ruby>手<rt>て</rt></ruby>をきれいに<ruby>洗<rt>あら</rt></ruby>わなくてはなりません。

　손을 깨끗하게 씻지 않으면 안 돼요.

3) <ruby>漢字<rt>かんじ</rt></ruby>を<ruby>覚<rt>おぼ</rt></ruby>えなくてはなりません。

　한자를 외우지 않으면 안 돼요.

 이 문장도 なりません 대신에 いけません과 だめです를 사용
할 수 있는 거죠?

 맞아요!

酔い止めを飲まなくてはならない。

酔い止めを	飲まなくては	ならない
멀미약을	먹지 않으면	안 돼

3번의 반말 표현이에요. ならない를 사용해서 반말을 만드는 거는 어렵지 않을 거예요. 한 가지 짚고 넘어갈 부분이 있어요. 바로 '약을 먹다'라는 표현이에요. 일본어로는 '약을 마시다' 薬を飲む라고 표현해요. 물약뿐만 아니라 모든 약은 '마시다'라고 표현한다는 거 잊지 마세요. 그리고 멀미약은 酔い止め라고도 하고 酔い止め薬라고 하기도 해요.

물약도 마시는 거고, 알약이나 가루약도 물과 함께 마셔야 하니 '마신다'라고 외우면 좋겠네요.

이번 예문도 ならない 자리에 いけない 또는 だめだ를 넣을 수 있어요.

그렇다면 이렇게!

    1) 酔い止めを飲まなくては<u>ならない</u>。
    2) 酔い止めを飲まなくては<u>いけない</u>。
    3) 酔い止めを飲まなくては<u>だめだ</u>。

이번에도 반말 표현은 줄여서 많이 사용해요. なくては를
なくちゃ라고 줄이고 다음에 오는 부분은 생략해도 같은 의미예요.

멀미약을	먹지 않으면	안 돼
酔^よい止^どめを	飲^のまなくては	ならない / いけない / だめだ
酔^よい止^どめを		飲^のまなくちゃ

문법정리

	정중형	반말	
	なりません	ならない	격식, 규범, 규칙
なければ	いけません	いけない	격식, 개인적 판단
	だめです	だめだ	격식, 개인적 판단
	なりません	ならない	비격식, 규범, 규칙
なくては	いけません	いけない	비격식, 개인적 판단
	だめです	だめだ	비격식, 개인적 판단

다음 제시어를 사용하여 문장을 완성하시오.

1) 自分を大切にする 자기 자신을 소중히 하다
<small>じぶん　たいせつ</small>

자기 자신을 소중히 하지 않으면 안 됩니다. (격식, 규범 규칙)
자기 자신을 소중히 하지 않으면 안 됩니다. (격식, 개인적 판단1)
자기 자신을 소중히 하지 않으면 안 됩니다. (격식, 개인적 판단2)
자기 자신을 소중히 하지 않으면 안 된다. (격식, 규범 규칙)
자기 자신을 소중히 하지 않으면 안 된다. (격식, 개인적 판단1)
자기 자신을 소중히 하지 않으면 안 된다. (격식, 개인적 판단2)
자기 자신을 소중히 하지 않으면 안 된다. (격식, 개인적 판단3 줄임표현)

자기 자신을 소중히 하지 않으면 안 돼요. (비격식, 규범 규칙)

자기 자신을 소중히 하지 않으면 안 돼요. (비격식, 개인적 판단1)

자기 자신을 소중히 하지 않으면 안 돼요. (비격식, 개인적 판단2)

자기 자신을 소중히 하지 않으면 안 돼. (비격식, 규범 규칙)

자기 자신을 소중히 하지 않으면 안 돼. (비격식, 개인적 판단1)

자기 자신을 소중히 하지 않으면 안 돼. (비격식, 개인적 판단2)

자기 자신을 소중히 하지 않으면 안 돼. (비격식, 개인적 판단3, 줄임표현)

말투(언행)에 신경 쓰지 않으면 안 됩니다. (격식, 규범 규칙)

말투(언행)에 신경 쓰지 않으면 안 됩니다. (격식, 개인적 판단1)

말투(언행)에 신경 쓰지 않으면 안 됩니다. (격식, 개인적 판단2)

말투(언행)에 신경 쓰지 않으면 안 된다. (격식, 규범 규칙)

말투(언행)에 신경 쓰지 않으면 안 된다. (격식, 개인적 판단1)

말투(언행)에 신경 쓰지 않으면 안 된다. (격식, 개인적 판단2)

말투(언행)에 신경 쓰지 않으면 안 된다. (격식, 개인적 판단3 줄임표현)

말투(언행)에 신경 쓰지 않으면 안 돼요. (비격식, 규범 규칙)

말투(언행)에 신경 쓰지 않으면 안 돼요. (비격식, 개인적 판단1)

말투(언행)에 신경 쓰지 않으면 안 돼요. (비격식, 개인적 판단2)

말투(언행)에 신경 쓰지 않으면 안 돼. (비격식, 규범 규칙)

말투(언행)에 신경 쓰지 않으면 안 돼. (비격식, 개인적 판단1)

말투(언행)에 신경 쓰지 않으면 안 돼. (비격식, 개인적 판단2)

말투(언행)에 신경 쓰지 않으면 안 돼. (비격식, 개인적 판단3, 줄임표현)

3) 夢を持つ 꿈을 갖다

꿈을 갖지 않으면 안 됩니다. (격식, 규범 규칙)
꿈을 갖지 않으면 안 됩니다. (격식, 개인적 판단1)
꿈을 갖지 않으면 안 됩니다. (격식, 개인적 판단2)
꿈을 갖지 않으면 안 된다. (격식, 규범 규칙)
꿈을 갖지 않으면 안 된다. (격식, 개인적 판단1)
꿈을 갖지 않으면 안 된다. (격식, 개인적 판단2)
꿈을 갖지 않으면 안 된다. (격식, 개인적 판단3 줄임표현)

꿈을 갖지 않으면 안 돼요. (비격식, 규범 규칙)

꿈을 갖지 않으면 안 돼요. (비격식, 개인적 판단1)

꿈을 갖지 않으면 안 돼요. (비격식, 개인적 판단2)

꿈을 갖지 않으면 안 돼. (비격식, 규범 규칙)

꿈을 갖지 않으면 안 돼. (비격식, 개인적 판단1)

꿈을 갖지 않으면 안 돼. (비격식, 개인적 판단2)

꿈을 갖지 않으면 안 돼. (비격식, 개인적 판단3, 줄임표현)

1) 自分を大切にする 자기 자신을 소중히 하다

자기 자신을 소중히 하지 않으면 안 됩니다. (격식, 규범 규칙)

自分を大切にしなければなりません。

자기 자신을 소중히 하지 않으면 안 됩니다. (격식, 개인적 판단1)

自分を大切にしなければいけません。

자기 자신을 소중히 하지 않으면 안 됩니다. (격식, 개인적 판단2)

自分を大切にしなければだめです。

자기 자신을 소중히 하지 않으면 안 된다. (격식, 규범 규칙)

自分を大切にしなければならない。

자기 자신을 소중히 하지 않으면 안 된다. (격식, 개인적 판단1)

自分を大切にしなければいけない。

자기 자신을 소중히 하지 않으면 안 된다. (격식, 개인적 판단2)

自分を大切にしなければだめだ。

자기 자신을 소중히 하지 않으면 안 된다. (격식, 개인적 판단3 줄임표현)

自分を大切にしなきゃ。

자기 자신을 소중히 하지 않으면 안 돼요. (비격식, 규범 규칙)

自分<ruby>じぶん</ruby>を大切<ruby>たいせつ</ruby>にしなくてはなりません。

자기 자신을 소중히 하지 않으면 안 돼요. (비격식, 개인적 판단1)

自分を大切にしなくてはいけません。

자기 자신을 소중히 하지 않으면 안 돼요. (비격식, 개인적 판단2)

自分を大切にしなくてはだめです。

자기 자신을 소중히 하지 않으면 안 돼. (비격식, 규범 규칙)

自分を大切にしなくてはならない。

자기 자신을 소중히 하지 않으면 안 돼. (비격식, 개인적 판단1)

自分を大切にしなくてはいけない。

자기 자신을 소중히 하지 않으면 안 돼. (비격식, 개인적 판단2)

自分を大切にしなくてはだめだ。

자기 자신을 소중히 하지 않으면 안 돼. (비격식, 개인적 판단3, 줄임표현)

自分を大切にしなくちゃ。

2) 言葉遣いに気を付ける 말투(언행)에 신경 쓰다

말투(언행)에 신경 쓰지 않으면 안 됩니다. (격식, 규범 규칙)

言葉遣いに気を付けなければなりません。

말투(언행)에 신경 쓰지 않으면 안 됩니다. (격식, 개인적 판단1)

言葉遣いに気を付けなければいけません。

말투(언행)에 신경 쓰지 않으면 안 됩니다. (격식, 개인적 판단2)

言葉遣いに気を付けなければだめです。

말투(언행)에 신경 쓰지 않으면 안 된다. (격식, 규범 규칙)

言葉遣いに気を付けなければならない。

말투(언행)에 신경 쓰지 않으면 안 된다. (격식, 개인적 판단1)

言葉遣いに気を付けなければいけない。

말투(언행)에 신경 쓰지 않으면 안 된다. (격식, 개인적 판단2)

言葉遣いに気を付けなければだめだ。

말투(언행)에 신경 쓰지 않으면 안 된다. (격식, 개인적 판단3 줄임표현)

言葉遣いに気を付けなきゃ。

말투(언행)에 신경 쓰지 않으면 안 돼요. (비격식, 규범 규칙)

言葉遣いに気を付けなくてはなりません。

말투(언행)에 신경 쓰지 않으면 안 돼요. (비격식, 개인적 판단1)

言葉遣いに気を付けなくてはいけません。

말투(언행)에 신경 쓰지 않으면 안 돼요. (비격식, 개인적 판단2)

言葉遣いに気を付けなくてはだめです。

말투(언행)에 신경 쓰지 않으면 안 돼. (비격식, 규범 규칙)

言葉遣いに気を付けなくてはならない。

말투(언행)에 신경 쓰지 않으면 안 돼. (비격식, 개인적 판단1)

言葉遣いに気を付けなくてはいけない。

말투(언행)에 신경 쓰지 않으면 안 돼. (비격식, 개인적 판단2)

言葉遣いに気を付けなくてはだめだ。

말투(언행)에 신경 쓰지 않으면 안 돼. (비격식, 개인적 판단3, 줄임표현)

言葉遣いに気を付けなくちゃ。

꿈을 갖지 않으면 안 됩니다. (격식, 규범 규칙)
夢<ruby>を持<rt>ゆめ も</rt></ruby>たなければなりません。
꿈을 갖지 않으면 안 됩니다. (격식, 개인적 판단1)
夢<ruby>を持<rt>ゆめ も</rt></ruby>たなければいけません。
꿈을 갖지 않으면 안 됩니다. (격식, 개인적 판단2)
夢<ruby>を持<rt>ゆめ も</rt></ruby>たなければだめです。
꿈을 갖지 않으면 안 된다. (격식, 규범 규칙)
夢<ruby>を持<rt>ゆめ も</rt></ruby>たなければならない。
꿈을 갖지 않으면 안 된다. (격식, 개인적 판단1)
夢<ruby>を持<rt>ゆめ も</rt></ruby>たなければいけない。
꿈을 갖지 않으면 안 된다. (격식, 개인적 판단2)
夢<ruby>を持<rt>ゆめ も</rt></ruby>たなければだめだ。
꿈을 갖지 않으면 안 된다. (격식, 개인적 판단3 줄임표현)
夢<ruby>を持<rt>ゆめ も</rt></ruby>たなきゃ。

꿈을 갖지 않으면 안 돼요. (비격식, 규범 규칙)

夢を持たなくてはなりません。

꿈을 갖지 않으면 안 돼요. (비격식, 개인적 판단1)

夢を持たなくてはいけません。

꿈을 갖지 않으면 안 돼요. (비격식, 개인적 판단2)

夢を持たなくてはだめです。

꿈을 갖지 않으면 안 돼. (비격식, 규범 규칙)

夢を持たなくてはならない。

꿈을 갖지 않으면 안 돼. (비격식, 개인적 판단1)

夢を持たなくてはいけない。

꿈을 갖지 않으면 안 돼. (비격식, 개인적 판단2)

夢を持たなくてはだめだ。

꿈을 갖지 않으면 안 돼. (비격식, 개인적 판단3, 줄임표현)

夢を持たなくちゃ。

일본 최고의
랜드마크 후지산은
화산입니다

일본어 동사 의지형 · 권유형

어엇! 마구로 센세 괜찮나요?

포기할까 봐….(1)

무슨 소리예요! 마구로가 가 보고 싶다고 노래를 불러서 후지산에 온 건데!

후지산! 후지산!

제가 그러긴 했는데… 저는 나중에 언젠가라는 조건이었달까요?

하지만 그 자리에서 바로 순간이동으로 후지산에 오게 될 줄이야….

그렇게 원한다면~!

지금 가는 길은 요시다 코스로 가장 쉬운 코스 중 하나예요!

네…?

좋았어… 해 보는 거야!!!

으아아아! 화이팅!!! 힘내자!!!

끄으으응!

안녕하세요!

안녕하세요!
한국말을
하실 줄 아시네요?

요즘 한국 음식에 푹 빠져 있어서요.
한국어를 배울까 해요.[2]

오호! 어떤 음식을 좋아하시죠?

흐음

저는 일단 간장게장을 가장 좋아해요!

저번에 한국에 처음 갔을 때 먹어 보고 반해 버렸답니다.

뭘 좀 아시는 분이시군요!

끄덕 끄덕

한국에서는 간장게장을 밥도둑이라고 불러요.

간장게장과 밥을 먹으면 밥이 순식간에 사라져서 그렇답니다.

하하하! 정확해요!

…

마구로 근데…

산은 안 올라가나요?

…

잠시만요! 지금 간장게장에 대해 진중한 이야기 중이라….

진지

오호호!! 아사쿠사 쪽에 간장게장을 잘하는 가게가 있다고요?

당장 그리로 가시죠!!

…

…

등산 다시 시작할까요?

네….

다음에 기회가 되면 같이 먹어요!

질질

일본이라고 하면 후지산富士山의 이미지를 떠올리는 분들이 적지 않을 거 같은데요. 일본은 지구상에서 화산활동이 가장 활발한 지역으로 다양한 화산 지형이 만들어졌고, 그중에 가장 큰 산인 후지산이 일본을 대표하는 이미지로 자리 잡았어요.

1 화산 火山

수십억 년 전 지구가 생겨나면서 부터 용암, 화산재, 가스를 분출하며 지구 표층을 형성했는데 이로 인해 산과 분화구가 만들어지고 생명체가 서식할 수 있는 환경이 조성되었어요. 화산은 지구상의 모든 대륙에서 찾아볼 수 있고 현재 전 세계에

는 약 1,500개의 활화산이 있는 것으로 파악되며 그중에서 111개의 활화산이 일본에 있어요. 일본의 대표 명산인 후지산도 활화산에 속하지만 18세기 이후에는 화산활동이 없어요.

2 일본의 화산

일본에 형성된 산 대부분이 화산이에요. 화산활동으로 생긴 멋진 자연 경관과 천연 온천으로 화산산은 유명한 관광 명소로 자리잡았어요. 화산활동으로 생기

는 증기 분출과 온천 물줄기, 끊임없이 뿜어내는 유황 가스로 가득한 지고쿠다니地獄谷는 '지옥계곡'이라는 뜻으로 색다른 경험을 할 수 있을 거에요.

3 화산 명소

1) 후지산 富士山

일본에서 가장 높은 3,776m의 화산인 후지산은 일본인들에게는 산 이상의 상징이에요. 지리적, 지형적으로 일본의 상징인 만큼 후지산에 대한 의미는 영적이고 신성한 산이기까지 해요. 새해가 밝아 오고 처음 꾸는 꿈을 하츠유메初夢라고 하는데 이때, '후지산, 매, 가지'의 꿈을 꾸면 한 해가 잘 풀린다는 미신이 있어요. 여기서 후지산은 위에서 말한 것과 같이 가장 신성한 존재이기 때문이고, 매는 일본어 발음이 '높다/크다'는 의미의 'たか타카'이기 때문이고, 마지막으로 가지는 일본어 발음이 '이루다/성취하다'는 의미의 'なす나스'이기 때문이에요. 이 정도로 후지산은 일본인들에게 영적으로 중요한 곳인 동시에 예술적 영감의 원천으로 자리 잡았어요. 매년 여름, 입산 시즌이 되면 일본 전역은 물론이고 전 세계에서 시즈오카현静岡県와 야마나시현山梨県으로 몰려드는 등산객이 30만 명에 달할 정도로 인기가 좋아요. 아침 해돋이를 보고 싶다면 밤에 오르기 시작해서 아침에 정상에서 해가 뜨는 것을 봐야 하는데요. 유리링은 옛날 옛적에 딱 한 번 후지산 정상에 오른 후로는 멀리서 바라만 보고 있어요. 일본 농담 중에서, '두 가지 바보가 있는데 후지산을 한 번도 안 오르는 바보와 두 번

오르는 바보가 있다'고 할 정도로 쉽지 않은 코스예요. 게다가 고산증이 있다면 더욱 힘드니 정상에 다다르면 휴대용 산소 캔과 비타민 그리고 마실 물이 있으면 도움이 될 거예요. 그리고 많은 분들이 후지산의 이미지 때문에 만년설이 있을 거라고 생각하시는데 만년설은 아니에요. 날씨가 맑은 날은 도쿄東京^{とうきょう} 도심에서도 후지산의 모습을 선명하게 볼 수 있어요.

* 후지산 공식 사이트 http://www.fujisan-climb.jp/

2) 오-와쿠다니 大涌谷^{おおわくたに}

3권 4강에서 소개한 적 있는 하코네箱根^{はこね} 관광 필수 코스 중에 하나예요.

3천여 년 전 대분화의 결과로 생겨난 후, 지금도 활발하게 유황 가스를 분출하고 있는 화산 계곡이에요. 다만 워낙 활발하게 화산 가스 분출이 있다 보니 가끔 안전을 위해 폐쇄하는 경우도 있어 출발 전에 미리 확인하는 게 좋아요. 2022년 3월 28일부터 오-와쿠다니 분기지대(오-와쿠다니 원지에서 일주 약 700m)의 산책로가 다시 개방되었으니 홈페이지에서 미리 예약하고 가세요. 여기에서는 화산활동으로 뜨거워진 물에서 조리된 삶은 달걀을 팔고 있는데요. 황 성분 때문에 달걀 껍질이 검은색이에요. 맛은 그냥 삶은 달걀 맛이니 도전해 보세요. 이 달걀을 먹으면 수명이 7년 연장된다고 하는데, 글쎄요….

하코네유모토역箱根湯本駅^{はこねゆもとえき}에서 기차와 케이블카를 타고 갈 수 있어요. 하코네유모토역에서 하코네 등산 철도를 타고 고-라역強羅駅^{ごうらえき}까지 간 다음 하코네 케이블카를 타고 소-운잔역早雲山駅^{そううんざんえき}에서 내립니다. 그곳에서 하코네 로프

웨이를 타고 오-와쿠다니역大涌谷駅^{おおわくだにえき}까지 가세요. 주요 화산 지대는 오-와쿠다니역에서 도보 10분 거리에 있어요.

* 오-와쿠타니 검은달걀관大涌谷くろたまご館 http://www.owakudani.com/

 tip!

이 지역은 화산활동에 의한 가스로 인해 다음과 같은 분들은 방문을 피하는 게 좋아요.

– 천식, 기관지염 또는 심장 질환을 겪는 사람
– 심박 조율기를 사용하는 사람
– 임산부

3) 타카치호 협곡 高千穗峽

큐슈九州 미야자키현宮崎県에 있는 타카치호 협곡은 아주 오래전 용암이 급속히 냉각되면서 형성된 주상절리 협곡이에요. 이 협곡을 보트를 타고 지나가며 올려다보면 눈앞에 17m 높이의 마나이 폭포真名井の滝 옆으로 펼쳐진 화산 협곡의 광경에 잠시 넋을 잃게 될 거예요. 게다가 폭포의 물방울이 주위에 아름다운 무지개를 만들어 내면 비현실적인 공간에 들어와 있는 기분을 느끼게 될 거예요. 보트는 시기와 요일에 따라서 조금씩 다르게 운영되고 성수기나 주말에는 사전 예약은 매진되기도 하지만 시간을 지정할 수 없는 당일권도 있으니 포

기하지 마세요. 요금은 5,000엔 안팎이에요. 그리고 날씨에 따라서 보트 운영을 중단하기도 하니 가기 전에 체크해 보시는 게 좋아요. 하지만 보트를 타지 않아도 협곡을 따라 산책로가 이어지고 눈 아래 펼쳐지는 고카세강五ヶ瀬川을 바라볼 수 있는 여러 조망 장소가 있으니 걱정 마세요. 길이 미끄러울 수 있으니 안전한 신발 준비하는 거 잊지 마시고요. 이곳은 교통편이 발달한 편이 아니라서, 매력에 비해서 아직 덜 알려진 곳이에요. 쿠마모토熊本에서 타카치호 지역까지 직통버스를 이용할 수도 있고, 렌터카를 이용하시면 하카타博多나 카고시마鹿児島에서는 3시간가량 소요되는 거리에 있어요.

* 타카치호 관광협회 https://takachiho-kanko.info/

흔히 볼 수 있는 타카치호 협곡의 멋진 사진은 4월부터 10월까지 푸르른 나무와 어우러진 풍경이에요. 11월 중순부터 12월 초 가을철에는 단풍으로 또 다른 멋을 즐길 수 있어요.

1 일본어 동사 의지형·권유형

 이번에 배울 동사의 형태는 두 가지 기능이 있어요.

 일타쌍피! 일석이조! 일거양득! 원샷투킬!

 본인의 동작에 대해서 이야기할 때는 '의지형', 상대의 동작에 대해서 이야기할 때는 '권유형'이에요.

 우리말로 하면 이런 거네요.

> 1) 본인의 동작: 먹어야지(의지형)
>
> 2) 상대의 동작: 먹자(권유형)

 그리고 권유형은 2권 5강에서 배운 동사 ましょう형의 반말 표현이라고 볼 수 있어요.

동사 원형	먹다	食べる
동사 권유형(정중)	먹읍시다	食べましょう
동사 권유형(반말)	먹자	食べよう

2 1그룹 동사

 1그룹 동사는 마지막 글자를 お단으로 바꾸고 う를 붙이면 돼요.

 '배우다'의 習う는 習おう라고 하면 되겠네요.

 1그룹 동사 몇 개만 더 보여 줄게요.

동사 원형		동사 의지형·권유형	
習(なら)う	배우다	習(なら)おう	배워야지/배우자
待(ま)つ	기다리다	待(ま)とう	기다려야지/기다리자

残(のこ)る	남다	残(のこ)ろう	남아야지/남자
死(し)ぬ	죽다	死(し)のう	죽어야지/죽자
運(はこ)ぶ	운반하다	運(はこ)ぼう	운반해야지/운반하자

盗(ぬす)む	훔치다	盗(ぬす)もう	훔쳐야지/훔치자
はく	(신발 등을) 신다	はこう	(신발 등을) 신어야지/신자
急(いそ)ぐ	서두르다	急(いそ)ごう	서둘러야지/서두르자
引(ひ)っ越(こ)す	이사하다	引(ひ)っ越(こ)そう	이사해야지/이사하자

3 2그룹 동사

 이번에는 2그룹이에요.

 만나면 반가운 2그룹 동사!

 2그룹 동사는 마지막 글자 る를 지우고 よう를 붙이면 돼요.

동사 원형		동사 의지형·권유형	
諦^{あきら}める	체념하다, 포기하다	諦^{あきら}めよう	포기해야지/포기하자
確^{たし}かめる	확실히 하다, 확인하다	確^{たし}かめよう	확인해야지/확인하자
貯^ためる	모으다, 저축하다	貯^ためよう	모아야지/모으자

4 3그룹 동사

 3그룹 동사는 2개밖에 없으니까 규칙을 찾기보다는 외우는 게 빨라요.

동사 원형		동사 의지형·권유형	
する	하다	しよう	해야지/하자
来^くる	오다	来^こよう	와야지/오자

5 예외 1그룹 동사

 예외 1그룹 동사는 1그룹의 규칙대로만 하면 돼요. 하지만, 동사의 모양만으로는 판단할 수 없으니 반드시 외워야 한다는 거 잊지 마세요.

 외국어는 암기 과목이었어….

동사 원형		동사 의지형·권유형	
^{しゃべ}喋る	수다 떨다, (다른 사람에게) 말하다	^{しゃべ}喋ろう	(다른 사람에게) 말해야지/말하자
^{かえ}帰る	돌아가다, 귀가하다	^{かえ}帰ろう	돌아가야지/돌아가자
^{はし}走る	달리다	^{はし}走ろう	달려야지/달리자

6 포기할까 봐…⁽¹⁾

^{あきら}
諦めようかな。

오랜만에 새로운 종조사를 배워 볼게요. 종조사 かな를 붙이면, 혼잣말을 할 때 의문이나 불확실함에 대한 표현을 할 수 있어요.

1) ^{まつだぶちょう}松田部長は^{きょう}今日来るかな。　**마쓰다 부장님은 오늘 오려나.**
2) ^{だれ}誰も^い行かないかな。　**아무도 안 가려나.**

3) もう<ruby>帰<rt>かえ</rt></ruby>ろうかな。 **그만 돌아갈까 봐.**

의지형은 우리말로도 '까나'라고도 하는 거 같은데요.

'포기할까나, 돌아갈까나'

비슷하죠. 그렇게 외워도 좋을 거 같네요.

2권 1강에 배운 종조사 덕분에 다양한 회화체를 구사할 수 있게 됐는데, 이번에 배운 종조사 かな도 열심히 사용해 봐야겠어요.

7 한국어를 배울까 해요.(2) (의지)

<ruby>韓国語<rt>かんこくご</rt></ruby>を<ruby>習<rt>なら</rt></ruby>おうと思います。

<ruby>韓国語<rt>かんこくご</rt></ruby>を	<ruby>習<rt>なら</rt></ruby>おう	と<ruby>思<rt>おも</rt></ruby>います
한국어를	배워야지	라고 생각해요(고 해요)

의지형에 と<ruby>思<rt>おも</rt></ruby>います를 사용하면 '동작할 생각입니다'라는 표현을 할 수 있어요.

잠깐만요. 이건 2권 3강에서 배운 '동사원형+つもり'와 뭐가 다른 거죠?

2권에서 배운 표현이 어느 정도 계획이 잡혀 있는 동작에 대한 표현이라면, 이번에 배운 표현은 그저 머릿속으로 생각만 하고 있다는 뉘앙스예요.

그렇다면 이번에 배운 표현은 아직 아무런 계획 없이, 의지만 있다는 느낌이군요. 비교할 수 있게 예문을 보여 주세요.

かんこくご なら おも 韓国語を習おうと思います	한국어를 배울까 해요.
かんこくご なら 韓国語を習うつもりです	한국어를 배울 생각이에요.

かね た おも お金を貯めようと思います	돈을 모을까 해요.
かね た お金を貯めるつもりです	돈을 모을 생각이에요.

じぜん かくにん おも 事前に確認しようと思います	사전에 확인할까 해요.
じぜん かくにん 事前に確認するつもりです	사전에 확인할 생각이에요.

동사 원형의 마지막 글자를 지우고 의지형·권유형을 만드는 장치

그룹	원형의 마지막 글자	의지형·권유형을 만드는 장치
1그룹	う	おう
	つ	とう
	る	ろう
	ぬ	のう
	ぶ	ぼう
	む	もう
	く	こう
	ぐ	ごう
	す	そう
예외 1그룹	る	ろう
2그룹	る	よう
3그룹	する	しよう
	来る	来よう

다음 동사 원형을 의지형·권유형으로 바꾸시오.

동사 원형	그룹	동사 의지형·권유형
もらう 받다, 얻다		
勝つ 이기다		
残る 남다		
死ぬ 죽다		
選ぶ 고르다		
進む 나아가다, 진출하다		
はく (신발 등을) 신다		
急ぐ 서두르다		
戻す 되돌리다		
預ける 맡기다		

乗^のり換^かえる 갈아타다		
する 하다		
来^くる 오다		
始^{はじ}める 시작하다		
調^{しら}べる 조사하다, 연구하다		
走^{はし}る 달리다		

동사 원형	그룹	동사 의지형·권유형
もらう 받다, 얻다	1그룹	もらおう
勝<small>か</small>つ 이기다	1그룹	勝<small>か</small>とう
残<small>のこ</small>る 남다	1그룹	残<small>のこ</small>ろう
死<small>し</small>ぬ 죽다	1그룹	死<small>し</small>のう
選<small>えら</small>ぶ 고르다	1그룹	選<small>えら</small>ぼう
進<small>すす</small>む 나아가다, 진출하다	1그룹	進<small>すす</small>もう
はく (신발 등을) 신다	1그룹	はこう
急<small>いそ</small>ぐ 서두르다	1그룹	急<small>いそ</small>ごう
戻<small>もど</small>す 되돌리다	1그룹	戻<small>もど</small>そう
預<small>あず</small>ける 맡기다	2그룹	預<small>あず</small>けよう

乗^のり換^かえる 갈아타다	2그룹	乗^のり換^かえよう
する 하다	3그룹	しよう
来^くる 오다	3그룹	来^こよう
始^{はじ}める 시작하다	2그룹	始^{はじ}めよう
調^{しら}べる 조사하다, 연구하다	2그룹	調^{しら}べよう
走^{はし}る 달리다	1그룹-예외	走^{はし}ろう

미네랄이
퐁퐁 솟아나는
일본의 천연 온천

일본어 동사 가능형

드디어 기다리고 기다리던 온천 여행지 도착!!

끼익!

털썩

!!!

마구로 괜찮아?

뭔가 엄청 피곤해 보이고
바로 쓰러질 것 같아.

퀭~

끄응

오늘 모든 피로를 풀기 위해 평소 피로를 풀지 않으면서 굉장히 무리하고 있었지.

왜 그런 짓을….

자! 일단 몸풀기로 간단한 족욕부터 시작하자!

그래, 그래.

쓰윽

오오옷!

발만 담갔는데도 온몸이 짜릿해져!

마치 얼음물에 발을 담근….

근데 왜 물이 차갑지…?

마구로 거긴 하천이고 이쪽이 족욕탕이야!!

…!!

큰일 날 뻔했군….

앗뜨!

오오오!! 뜨근한 이 느낌! 피로가 마구마구 풀린다!

하여튼 너는 신나면 주변을 잘 못 본다니까….

으응….

하마터면 냉동 참치 족발이 될 뻔했네.

안녕하세요. 2명 예약했습니다.

어서 오세요!

노천탕을 전세로 빌려서 우리 둘만 편하게 사용할 수 있어!

풍경 바라보면서 즐기는 뜨근함!

며칠 동안 모아 둔 피로가 다 녹는 것 같아.

너무 지쳤나? 초밥이 좀 익은 거 같기도….

우왕! 너무너무 개운해! 머리가 맑아진 느낌이야!

스미마센. 코코노 레스토란와 도꼬 데스카?
(실례합니다. 여기 식당이 어딘가요?)

아, 레스토란와 니카이데스.
(아, 식당은 2층입니다.)

아리가토 고자이마스~

도모

앗!! 마구로 엄청 능숙하게 일본어를 했어!

…!!

온천을 해서 머리가 맑아지니

일본어를 말할 수 있게 되었어요.[1]

이 효과가 없어지기 전에 온천을 한 번 더 해야겠어!!

호다닥

…

잠깐!! 너무 금방 다시 들어가면 위험하다고!!!

이거 놔!!! 난 더 똑똑해질 거야!!

6강 미네랄이 퐁퐁 솟아나는 일본의 천연 온천 169

일본통 日本通 되기!

온천 温泉

일본에서는 온천과 그 주변에 지어진 목욕 시설을 '온센温泉'이라고 불러요. '센토-銭湯'라고 하는 대중목욕탕은 천연 온천수가 아니라 일반 용수를 사용해요. 보통 남성용과 여성용 목욕탕이 나뉘어 있고, 여성을 뜻하는 '女'와 남성을 뜻하는 '男'으로 구분해요. 일부 온천에서 문신이 금지되어 있지만 최근에는 많은 온천에서 문신을 한 손님을 제지하지 않아요. 만약 문신이 있다면 스티커나 패치로 가리면 입장이 가능한 경우도 있으니 미리 확인하세요. 온천은 원천에 따라 미네랄 함량이 다르고 근육통, 관절, 자상, 화상, 피로 및 각종 질환을 완화시키는 데 효력이 있다고 알려져 있으니 여행으로 지친 몸의 피로를 푸는 데도 좋을 거예요.

1 온천 이용 방법

일본에는 목욕 문화가 깊게 뿌리내려 있기 때문에 일본의 목욕 방식을 잘 알고 가는 게 좋아요.

1) 일본식 목욕

탕에 들어가기 전에 먼저 깨끗하게 샤워를 하세요. 그리고 액세서리는 물에 함유된 미네랄 때문에 변색될 수 있으니 착용하지 않는 게 좋아요. 입구 안쪽에 탈의실이 있고, 여기에 옷과 소지품을 보관할 수 있어요. 보통 샴푸, 바디워시 등의 제품이 준비되어 있으니 따로 준비하지 않아도 돼요. 몸을 가리는 용도의 작은 수건을 들고 갈 수 있지만, 수건을 물에 담그는 건 안 돼요. 자리에 앉아 씻을 때는 다른 사람에게 물이 튀지 않도록 조심하세요. 그다음에 탕으로 들어가면 되는데 온천탕의 온도는 보통 섭씨 40도 정도이니 몸이 너무 뜨거워지지 않게 쉬는 시간을 가지면서 온천을 즐기는 게 좋아요.

2) 유카타 浴衣

유카타는 목욕 후나 여름 축제 때 입는, 면으로 만든 가벼운 일본 전통 의상이에요. 온천이나 일본 전통 료칸旅館에서는 시설 내부를 다닐 때 입을 수 있는 유카타를 빌려주기도 해요. 유카타의 색상이나 허리에 두르는 띠인 오비帶의 색상을 고를 수 있는 곳도 있으니 취향에 맞는 멋진 유카타 체험도 하고 예쁜 사진도 남겨 보세요.

2 다양한 온천

1) 노천탕 露天風呂

지붕이나 벽이 없는 야외에 설치된 온천탕은 자연 속에서 온천을 즐기는 또

다른 경험을 할 수 있어요. 따뜻한 온천에 몸을 담그고 불어오는 바람과 들려오는 새소리나 밤하늘의 별을 즐길 수 있다는 게 매력이에요. 온천 시설에 따라서 전세貸切^{かしきり}로 빌릴 수 있는 시설도 있어서 가족이나 친구들끼리 오붓하게 이용할 수도 있어요. 다만 노천탕은 탕 안과 밖의 온도 차이가 심한 곳이 많아서 기립성 현기증이나 히트 쇼크를 주의해야 해요. 특히 식사 직후나 음주 후에는 더욱 조심하세요!

2) 족욕탕 足湯^{あしゆ}

발만 탕에 담그는 방법으로 온몸을 따뜻하게 할 수 있는 족욕탕은 온천지에는 물론이고 일반 관광지에서도 볼 수 있어요. 길거리에서 가볍게 족욕을 즐기면서 여행의 피로를 풀어 보세요. 길거리에 마련된 대부분의 족욕탕은 무료이거나 약간의 이용료만 내면 이용할 수 있으니 족욕 후 발의 물기를 닦을 수건 한 장만 챙겨 가면 돼요.

3) 모래온천

온천의 열로 데워진 모래로 하는 온천 방식이에요. 모래를 깊게 팔수록 온도가 높아지니 처음 하시는 분이라면 너무 높은 온도보다는 적당한 온도에서 시작하는 게 좋아요. 모래온천은 너무 뜨겁지 않은 온도로 온천욕의 효과를 누릴 수 있다는 점 때문에 느긋하게 온천욕 효과를 즐기고 싶은 분들께 추천드려요. 하지만 저온화상을 입을 수 있으니 조금이라도 이상을 느끼면 바로 휴식을 취하도록 하세요.

3 유명 온천 관광지

1) 벳푸 지옥 온천 순회 別府地獄めぐり
<small>べっぷじごく</small>

이곳은 온천욕을 하는 곳이 아니라 온천을 구경하는 곳이에요. 하지만 곳곳에 족욕탕이 있으니 여행의 피로를 풀어 보세요. 마치 살아 있는 듯한 신비한 온천과 즐길 거리가 많은 곳이라서 벳푸別府를 여행하는 분이라면 꼭 들르는 곳 중에 한 곳이에요. 2,200엔짜리 공통관람권共通観覧券을 구매하면 이틀 동안 7개의 지옥 온천을 모두 둘러볼 수 있지만 시간이 많지 않다면 우미지고쿠海地獄와 카마도지고쿠かまど地獄 두 곳을 추천해요. 벳푸역 서쪽 출구 JR別府駅西口에서 2번, 5번, 24번, 또는 41번 버스를 타고 20분 정도 가서 칸나와鉄輪 또는 우미지고쿠마에海地獄前 정류장에서 내리세요. 그러면 우미지고

쿠와 시라이케 지고쿠白池地獄가 있는 칸나와鉄輪 지역까지 도보로 이동할 수 있어요.

* 벳푸 지옥 온천 순회 http://www.beppu-jigoku.com/

2) 쿠사쯔 온천 草津温泉

도쿄에서 멀지 않은 군마현群馬県에 있는 온천 관광지예요. 예로부터 피부에 좋다고 알려진 곳이에요. 온천욕은 물론이고 다양한 볼거리와 먹거리로 일본인들에게도 많은 사랑을 받는 온천지예요. 쿠사쯔 온천이라고 하면 가장 먼저 떠오르는 이미지는 온천 마을의 상징이자 중심부라고 할 수 있는 유바타케 湯畑인데요. 직역하면 '따뜻한 물밭'이라는 뜻이에요. 섭씨 55도가 넘는 뜨거운 온천수가 솟아나는 지점에서부터 목재 수로를 따라 흐르면서 온도를 서서히 낮

추는 곳이에요. 야간에는 조명이 켜지는데 이때 에메랄드빛 수조에서 증기가 뿜어져 나오는 것을 보면 온천 마을에 있다기보다는 다른 행성에 와 있는 것이 아닌가 하는 기분이 들어요. 그 밖에도 아기자기한 골목을 돌아다니면서 공예품 쇼핑도 하고, 이곳의 명물인 온천 만주와 온천 달걀도 맛보세요. 계절별로 다양한 축제도 하고 있으니 여행 일정이 맞으면 일본의 축제도 즐길 수 있어요. 도쿄에서 기차로 2시간 반 정도 가면 나가노하라 쿠사쯔구치역長野原草津口駅에 도착해요. 거기서 버스로 갈아타고 25분 정도 더 가면 쿠사쯔 온천 마을이에요.

쿠사쯔 온천 마을 축제
꽃 축제 (5월)
시라네 신사 축제 (7월)
온천 감상 축제 (8월)
쿠사쯔 국제 음악 아카데미 및 축제 (8월)

일본어정복

1 일본어 동사 가능형

 동사의 가능형을 배울 거예요.

 동사의 가능형이라면 이런 거네요.

> '먹을 수 있다, 읽을 수 있다, 사용할 수 있다'

 그런데 혹시 2권 3강에서 배운 '동사원형+ことができる'라는 표현과 비슷하다는 생각이 들지 않아요?

 제가 지금 막 그 말을 하려고 준비 딱 하고 있던 거 아시죠?(뻔뻔)

 이전에 배운 '동사원형+ことができる'는 이번에 배우는 동사 가능형의 강조 용법이라고 볼 수 있어요.

동사 원형	먹다	食^たべる
동사 권유형(정중)	먹는 것이 가능하다	食^たべることができる
동사 권유형(반말)	먹을 수 있다	食^たべられる

 이번에 배우는 동사의 가능형이 좀 더 간결한 표현이 되겠네요.

 맞아요. 그리고 한 가지 더 기억해야 할 게 있어요. 동사의 가능형에서 목적어의 조사가 우리말 '을/를'일 때는 を가 아니라 が를 사용한다는 거예요. 그 밖에는 '은/는'은 は, '도'는 も를 그대로 사용하면 돼요.

> 1) 회를 먹을 수 있다 刺身^{さしみ}が食^たべられる。

2) 회는 먹을 수 있다 刺身は食べられる。

3) 회도 먹을 수 있다 刺身も食べられる。

2 일본어 동사 가능형

 1그룹 동사는 마지막 글자를 え단으로 바꾸고 る를 붙이면 돼요.

 '걷다'의 歩く 는 歩ける가 되겠네요.

 1그룹 동사를 몇 개 더 살펴볼게요.

동사 원형		동사 가능형	
会う	만나다	会える	만날 수 있다

勝つ	이기다	勝てる	이길 수 있다
聞き取る	알아듣다	聞き取れる	알아들을 수 있다
死ぬ	죽다	死ねる	죽을 수 있다
選ぶ	고르다	選べる	고를 수 있다
読む	읽다	読める	읽을 수 있다

<ruby>開<rt>ひら</rt></ruby>く	열리다, 열다	<ruby>開<rt>ひら</rt></ruby>ける	열 수 있다
<ruby>急<rt>いそ</rt></ruby>ぐ	서두르다	<ruby>急<rt>いそ</rt></ruby>げる	서두를 수 있다

<ruby>戻<rt>もど</rt></ruby>す	되돌리다	<ruby>戻<rt>もど</rt></ruby>せる	되돌릴 수 있다

3 2그룹 동사

 2그룹 동사는 마지막 글자 る를 지우고 られる를 붙이면 돼요. 그리고 한 가지 더! 회화체에서는 마지막 글자 る를 지우고 れる를 붙이는 경우도 있어요. 하지만 예의를 갖춰야 하는 자리에서는 られる를 붙이는 걸 추천해요.

 회화체에서는 더 간결하게 말하게 되는 거군요. 하긴 우리말도 회화체로는 그런 경우가 많으니까요.

동사 원형		동사 가능형	
<ruby>諦<rt>あきら</rt></ruby>める	체념하다, 포기하다	<ruby>諦<rt>あきら</rt></ruby>められる <ruby>諦<rt>あきら</rt></ruby>めれる	포기할 수 있다

다이어트…

あず 預ける	맡기다	あず 預けられる あず 預けれる	맡길 수 있다
お 起きる	일어나다	お 起きられる お 起きれる	일어날 수 있다

4 3그룹 동사

 3그룹 동사 する의 가능형은 이미 여러 번 사용했던 できる예요.
그리고 来る의 가능형은 2그룹 동사의 가능형과 마찬가지로 회화체
에서는 간결하게 れる만 붙여서 말하기도 해요.

 하지만 정중하게 말할 때는 られる를 붙여야 한다는 것도 체크!

동사 원형		동사 가능형	
する	하다	できる	할 수 있다
く 来る	오다	こ 来られる こ 来れる	올 수 있다

예외 1그룹 동사는 1그룹 동사의 규칙대로 마지막 글자를 え단으로 바꾸고 る를 붙이면 되니까 마지막 글자를 れ로 바꾸고 る를 붙여 주세요.

동사 원형		동사 가능형	
<ruby>喋<rt>しゃべ</rt></ruby>る	수다 떨다, (다른 사람에게) 말하다	<ruby>喋<rt>しゃべ</rt></ruby>れる	말할 수 있다

| <ruby>帰<rt>かえ</rt></ruby>る | 돌아가다, 귀가하다 | <ruby>帰<rt>かえ</rt></ruby>れる | 돌아갈 수 있다 |
| <ruby>走<rt>はし</rt></ruby>る | 달리다 | <ruby>走<rt>はし</rt></ruby>れる | 달릴 수 있다 |

 모든 동사의 그룹에 대한 가능형을 만드는 방법을 알아봤어요. 가능형은 공통점이 있는데 발견했나요?

 모두 る로 끝난다는 거요.

 맞아요! 그리고 る 앞에 글자가 え단이라는 거예요.

어! 2그룹 동사의 규칙!

 맞아요. 동사의 가능형은 모두 2그룹 동사예요. 그래서 앞서 배운 ます형, て형, た형, ない형 등 모든 활용은 2그룹 동사의 규칙을 따르면 되는 거예요.

 동사 가능형 = 2그룹 동사!

원형	会<ruby>会<rt>あ</rt></ruby>う	만나다
가능형	<ruby>会<rt>あ</rt></ruby>える	만날 수 있다
ます형	<ruby>会<rt>あ</rt></ruby>えます	만날 수 있어요
て형	<ruby>会<rt>あ</rt></ruby>えて	만날 수 있어서
た형	<ruby>会<rt>あ</rt></ruby>えた	만날 수 있었다
ない형	<ruby>会<rt>あ</rt></ruby>えない	만날 수 없다

6 일본어를 말할 수 있게 되었어요.(1)

<ruby>日本語<rt>に ほん ご</rt></ruby>が<ruby>話<rt>はな</rt></ruby>せるようになりました。

<ruby>日本語<rt>に ほん ご</rt></ruby>が	<ruby>話<rt>はな</rt></ruby>せるように	なりました
일본어를	말할 수 있게	되었어요

 가능형에 ようになる를 붙이면 '동작할 수 있게 변화하다/발전하다'라는 의미의 문장을 만들 수 있어요.

변화가 일어나기 전이면 현재시제로 말하면 되고, 변화가 일어난 후면 과거시제로 말하면 되겠네요.

맞아요. 우리말하고 똑같아요.

1) 日本語が話せるようになります。　일본어를 말할 수 있게 돼요.
2) 日本語が話せるようになりました。　일본어를 말할 수 있게 되었어요.

동사 원형의 마지막 글자를 지우고 가능형을 만드는 장치

그룹	원형의 마지막 글자	가능형을 만드는 장치
1그룹	う	える
	つ	てる
	る	れる
	ぬ	ねる
	ぶ	べる
	む	める
	く	ける
	ぐ	げる
	す	せる
예외 1그룹	る	れる
2그룹	る	られる / れる
3그룹	する	できる
	来る	来られる / 来れる

다음 동사 원형을 의지형·권유형으로 바꾸시오.

동사 원형	그룹	동사 가능형
もらう 받다, 얻다		
勝^かつ 이기다		
残^{のこ}る 남다		
死^しぬ 죽다		
選^{えら}ぶ 고르다		
進^{すす}む 나아가다, 진출하다		
書^かく (글씨 등을) 쓰다		
急^{いそ}ぐ 서두르다		
戻^{もど}す 되돌리다		
預^{あず}ける 맡기다		

乗^のり換^かえる 갈아타다		
する 하다		
来^くる 오다		
始^{はじ}める 시작하다		
調^{しら}べる 조사하다, 연구하다		
走^{はし}る 달리다		

동사 원형	그룹	동사 가능형
もらう 받다, 얻다	1그룹	もらえる
勝^かつ 이기다	1그룹	勝^かてる
残^{のこ}る 남다	1그룹	残^{のこ}れる
死^しぬ 죽다	1그룹	死^しねる
選^{えら}ぶ 고르다	1그룹	選^{えら}べる
進^{すす}む 나아가다, 진출하다	1그룹	進^{すす}める
書^かく (글씨 등을) 쓰다	1그룹	書^かける
急^{いそ}ぐ 서두르다	1그룹	急^{いそ}げる
戻^{もど}す 되돌리다	1그룹	戻^{もど}せる
預^{あず}ける 맡기다	2그룹	預^{あず}けられる

乗(の)り換(か)える 갈아타다	2그룹	乗(の)り換(か)えられる
する 하다	3그룹	できる
来(く)る 오다	3그룹	来(こ)られる
始(はじ)める 시작하다	2그룹	始(はじ)められる
調(しら)べる 조사하다, 연구하다	2그룹	調(しら)べられる
走(はし)る 달리다	1그룹-예외	走(はし)れる

노란 단풍이 예쁜 가을은 식욕의 계절!

일본어 인용 표현

홋카이도는 역시 먹을 게 너무 많네요.

통 통

그러게요. 배가 조금씩 불러요.
아직 먹을 게 많이 남았는데….

잠시만요!

어디 보자….

휘릭
휘릭

저쪽인 것 같아요!

우와!

꺅! 너무 예쁘다~~!
마치
영화 속 한 장면에 들어온 것 같아요!

마치
노란 튀김들로 가득 찬 것 같아요!

...

꿀꺽

아! 아닌가요?
튀김의 노란색이기보단…
오야코동의
미묘한 노란색 같기도 하고….

으음…

단풍을 운치 있게 감상하려고 하는데
자꾸 먹을 걸로 연결시키면 어떡해요….

앗! 죄송..

머릿속이
타마고야끼, 튀김, 오야코동으로
가득 차 버렸어….

근데 뭘 그렇게
열심히 하세요?

끄응…

근처에 오야코동
맛집이 없나
검색 중이에요!

내가 졌다….

대단해

일본에서는 봄과 가을에 벚꽃놀이와 단풍놀이의 명소로 수많은 사람들이 모이는 걸 볼 수 있어요. 개화 기간은 짧지만 화려하게 만개하는 벚꽃을 즐기기 위해 일본 전국에서 벚꽃놀이 축제가 열려요. 이런 꽃놀이를 일본어로 하나미花見라고 하고 밤에 즐기는 벚꽃은 요자쿠라夜桜라고 해요. 그리고 가을이 되면 국토의 상당 부분이 산지인 일본의 가을 산을 화려하게 꾸며 주는 단풍이 전국을 물들이고, 단풍을 즐길 수 있는 전국 단풍 명소의 숙소는 연일 만실로 예약을 하기 힘들어지기도 해요. 단풍놀이는 일본어로 모미지가리紅葉狩り라고 해요. 짧은 벚꽃과 단풍 시기를 제대로 즐기고 싶어 하는 사람들이 많다 보니 매스컴에서는 매년 벚꽃전선桜前線과 단풍전선紅葉前線이라고 하는 지역별 절정 시기를 발표하고 있어요. 국토가 긴 일본의 특성상 남쪽 지역과 북쪽 지역의 개화와 단풍 시기의 차이가 크니, 이런 전선을 잘 활용하면 여행 지역에 따라서 좋은 여행 시기를 잡을 수 있어요.

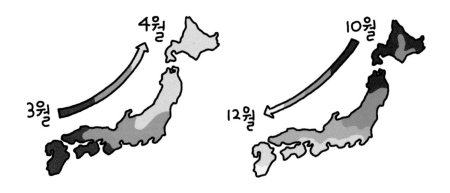

1 벚꽃 桜(さくら)

일본의 벚꽃桜(さくら)은 봄의 상징이자 새로운 시작의 알림이에요. 전국적으로 만개 시기에 맞춰서 벚꽃놀이 명소는 짧은 벚꽃 만개를 즐기고자 수많은 사람들로 붐비고 웃지 못할 치열한 자리 경쟁까지 하게 되는 일이 생겨요. 이때가 전국의 신입 사원 입사와 신입생 입학 시기와 비슷해서 벚꽃은 새로운 출발을 의미하기도 해요. 벚꽃은 3월 규슈 남쪽 끝부터 피어나기 시작해 점차 북쪽으로 번져서 4월에는 홋카이도까지 개화 범위를 넓혀요. 보통 벚꽃은 두 번 즐긴다고 하는데, 첫 번째는 만개했을 때이고, 두 번째는 바람에 꽃잎이 날려서 꽃잎이 비처럼 내리는 꽃보라花吹雪(はなふぶき)를 볼 때라고 해요. 그리고 호수나 강에 벚꽃이 있는 지역이라면 벚꽃 잎이 물에 떠서 뗏목처럼 떠내려 가는 꽃잎 뗏목花(はな)いかだ까지 세 번의 벚꽃을 즐길 수 있어요.

2 도쿄 벚꽃 명소

도쿄의 벚꽃 시즌은 3월 말부터 4월 초까지예요.

1) 이노카시라공원 井の頭公園(いのかしらこうえん)

이노카시라 공원은 약 500그루의 벚꽃나무와 아름다운 호수가 있어 도쿄에서 가장 사랑받는 벚꽃놀이 장소예요. 벚꽃나무 아래 돗자리를 펴고 도시락과 음료를 먹으며 느긋하게 꽃놀이를 즐기는 사람들을 많이 볼 수 있는데요. 주말에

는 정말 이른 아침부터 자리를 잡아야 하니 평일을 노려 보세요. 공원 근처에 지브리미술관ジブリ美術館(びじゅつかん)이 있으니 함께 둘러보시면 좋아요.

2) 나카메구로 中目黒

나카메구로는 쇼핑, 외식, 카페, 예술에 이르기까지 도쿄에서도 가장 세련된 곳 중에 한 곳이에요. 봄이 되면 강변을 따라 늘어선 벚꽃나무가 강물 위로 벚꽃 터널을 만드는데 벚꽃을 가장 잘 느낄 수 있는 방법은 메구로강을 따라 걷는 거예요. 사실 강이라기보다는 운하에 가까운데, 이 물길을 따라서 전통 상점이나 이자카야居酒屋가 군데군데 있고 일본다운 개성이 살아 있어서 구경하는 재미도 쏠쏠해요. 해가 지면 등불을 밝히고, 강 전체가 축제 분위기로 활발하게 살아나니 낮과 저녁 모두 즐겨 보세요.

3 일본 단풍 명소

일본을 여행하기 가장 좋은 시기라고 할 수 있는 가을에는 야외 활동을 즐기기 완벽한 날씨와 함께 진홍색으로 물든 단풍이 기다리고 있어요. 10월에서 11월 사이에 일본 여행을 계획하고 계신다면 일본의 단풍을 즐길 수 있는 시기이기도 하니, 지역별 단풍 명소를 알아 두세요.

1) 키요미즈데라 清水寺

교토京都의 키요미즈데라 清水寺는 고도(古都) 교토에 온 것을 실감케 해 주는 일본에서도 손꼽히는 사찰 중에 한 곳인데요. 가을에 오게 된다면 가장 멋진 모습을 볼 수 있어요. 그중에서도 단풍을 가장 잘 감상할 수 있는 곳은 '키요미즈의 무대'라고 불리는 본당이에요. 높은 지대의 본당에서 탁 트인 풍경과 단풍을 바라보고 있으면 순간 넋을 잃을 정도로 아름다워요.

* 단풍 시즌: 11월 말

2) 진구-가이엔마에 神宮外苑前 <small>じんぐうがいえんまえ</small>

도쿄東京 <small>とうきょう</small> 중심부에 있는 진구-가이엔마에神宮外苑前 <small>じんぐうがいえんまえ</small> 는 은행나무 가로수로 유명해요. 300m에 달하는 가로수 길에는 무려 150그루의 은행나무가 심겨 있어요. 일본의 가로수로 심긴 은행나무는 열매가 떨어져서 악취를 풍기거나 하지 않

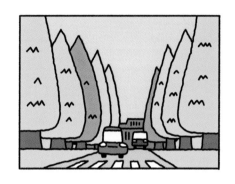

아서, 마음 놓고 아름다운 황금빛 가로수를 즐길 수 있어요.

* 단풍 시즌: 11월 말

3) 홋카이도 대학 은행나무 가로수 길 北海道大学イチョウ並木 <small>ほっかいどうだいがく なみき</small>

삿포로에 있는 홋카이도 대학 은행나무 가로수 길北海道大学イチョウ並木 <small>ほっかいどうだいがく なみき</small> 은 도로 양측에 70그루의 은행나무가 380m에 걸쳐 심겨 있어서 단풍 시즌이 되면 황금색으로 가득 덮인 길을 즐기기 위해 삿포로 시민들은 물론이고 관광객들도 많이 찾는 곳이에요.

* 단풍 시즌: 10월 말

일본어정복

1 전해 들은 말, 전문 伝聞(でんぶん)

 누군가에게 들은 내용에 대해서 말할 때 사용할 수 있는 표현이에요.

 우리말로 하자면, '일기예보에 의하면 대구는 덥다고 해요' 이런 거죠?

 맞아요. '반말 문장+そうです'로 만들 수 있는데 이때 そうです는 '그렇습니다'의 해석이 아니라, '(라)고 해요'로 해석한다는 거 잊지 마세요.

暑(あつ)い	そうです
덥다	고 해요

暑(あつ)い	そうだ
덥다	고 한다

 반말 문장이요? 품사와 상관없이 반말 문장이면 다 된다는 건가요?

 네. 명사, 형용사, 동사 모두 만들 수 있어요. 이번 기회에 지금까지 배웠던 긍정과 부정 표현부터 현재와 과거시제까지 한 번에 정리해 볼게요.

 와 신난다(;;;)

2 명사

お<ruby>弁当<rt>べんとう</rt></ruby>だ 도시락이다	
お<ruby>弁当<rt>べんとう</rt></ruby>じゃない 도시락이 아니다	そうです (라)고 해요
お<ruby>弁当<rt>べんとう</rt></ruby>だった 도시락이었다	そうだ (라)고 한다
お<ruby>弁当<rt>べんとう</rt></ruby>じゃなかった 도시락이 아니었다	

 명사 문장은 '고 해요' 또는 '라고 해요' 중에서 자연스러운 해석으로 하세요.

 '도시락이라고 해요' 이렇게 하면 되겠네요.

 예문을 만들어 볼게요.

1) <ruby>一番有名<rt>いちばんゆうめい</rt></ruby>なお<ruby>弁当<rt>べんとう</rt></ruby>だそうです。　가장 유명한 도시락이라고 해요.
2) <ruby>同<rt>おな</rt></ruby>じお<ruby>弁当<rt>べんとう</rt></ruby>じゃないそうです。　같은 도시락이 아니라고 해요.
3) <ruby>田中<rt>たなか</rt></ruby>さんのお<ruby>弁当<rt>べんとう</rt></ruby>だったそうです。　타나카 씨의 도시락이었다고 해요.
4) <ruby>手作<rt>てづく</rt></ruby>りのお<ruby>弁当<rt>べんとう</rt></ruby>じゃなかったそうです。

　　손수 만든 도시락이 아니었다고 해요.

美しい 아름답다	
美しくない 아름답지 않다	そうです 고 해요
美しかった 아름다웠다	そうだ 고 한다
美しくなかった 아름답지 않았다	

 い형용사도 예문을 만들어 볼게요.

1) ものすごく美しいそうです。　대단히 아름답다고 해요.

2) 今年はあまり美しくないそうです。

   올해는 그다지 아름답지 않다고 해요.

3) 去年もとても美しかったそうです。　작년도 상당히 아름다웠다고 해요.

4) 想像より美しくなかったそうです。　상상보다 아름답지 않았다고 해요.

すてき 素敵だ 근사하다, 멋지다	
すてき 素敵じゃない 근사하지 않다	そうです 고 해요
すてき 素敵だった 근사했다	そうだ 고 한다
すてき 素敵じゃなかった 근사하지 않았다	

 な形容詞 예문이에요.

1) しゃしん ほう すてき
写真の方が素敵だそうです。　사진(으로 보는) 쪽이 근사하다고 해요.

2) じつぶつ すてき
実物は素敵じゃないそうです。　실물은 근사하지 않다고 해요.

3) おも すてき
思ったよりも素敵だったそうです。

생각했던 것보다도 근사했다고 해요.

4) まえ すてき
前より素敵じゃなかったそうです。　전보다 근사하지 않았다고 해요.

5 동사

作ってくる 만들어 온다	
作ってこない 만들어 오지 않는다	そうです 고 해요
作ってきた 만들어 왔다	そうだ 고 한다
作ってこなかった 만들어 오지 않았다	

 동사 예문이에요.

1) ツナマヨおにぎりを作ってくるそうです。

　참치마요주먹밥을 만들어 온다고 합니다.

2) 何も作ってこないそうです。　아무것도 만들어 오지 않는다고 합니다.

3) 彼氏と一緒に作ってきたそうです。

　남자친구와 함께 만들어 왔다고 합니다.

4) 誰も作ってこなかったそうです。　아무도 만들어 오지 않았다고 합니다.

6 친구에 의하면, 단풍놀이는 구경꾼이 많다고 해요.⁽¹⁾

友達によると、紅葉狩りは見物客が多いそうです。

友達に	よると	紅葉狩りは	見物客が	多い	そうです
친구에	의하면	단풍놀이는	구경꾼이	많다	고 해요

 명사에 によると를 연결하면 구체적인 정보의 출처를 밝힐 수 있어요.

 아, '일기예보에 의하면'이라든지, '뉴스에 의하면'이라든지 이럴 때 유용하게 사용할 수 있겠네요.

 예문을 몇 개 더 만들어 볼게요.

1) 天気予報によると、大阪は暑いそうです。

   일기예보에 의하면, 오-사카는 덥다고 해요.

2) 先生によると、漢字を覚えなければならないそうです。

   선생님에 의하면, 한자를 외우지 않으면 안 된다고 해요.

3) このユーチューバーによると、豚骨ラーメンがおいしかったそうです。 이 유튜버에 의하면, 돈코츠라멘이 맛있었다고 해요.

전해 들은 말, 전문 伝聞(でんぶん)

명사	紅葉狩り(もみじがり)	だ	단풍놀이라고 해요.
		じゃない	단풍놀이가 아니라고 해요.
		だった	단풍놀이였다고 해요.
		じゃなかった	단풍놀이가 아니었다고 해요.
い형용사	嬉し(うれ)	い	기쁘다고 해요.
		くない	기쁘지 않다고 해요.
		かった	기뻤다고 해요.
		くなかった	기쁘지 않았다고 해요.
な형용사	鮮やか(あざ)	だ	선명하다고 해요.
		じゃない	선명하지 않다고 해요.
		だった	선명했다고 해요.
		じゃなかった	선명하지 않았다고 해요.
동사	雨が(あめ)	降る(ふ)	비가 온다고 해요.
		降らない(ふ)	비가 오지 않는다고 해요.
		降った(ふ)	비가 왔다고 해요.
		降らなかった(ふ)	비가 오지 않았다고 해요.

※ そうです는 명사·い형용사·な형용사·동사 열에 공통으로 들어감

다음 제시어를 사용하여 문장을 완성하시오.

1) <ruby>実<rt>じつ</rt></ruby>は<ruby>大学生<rt>だいがくせい</rt></ruby>だ 실은 대학생이다

실은 대학생이라고 해요.	
실은 대학생이 아니라고 해요.	
실은 대학생이었다고 해요.	
실은 대학생이 아니었다고 해요.	

2) <ruby>実<rt>じつ</rt></ruby>は<ruby>留学生<rt>りゅうがくせい</rt></ruby>だ 실은 유학생이다

실은 유학생이라고 해.	
실은 유학생이 아니라고 해.	
실은 유학생이었다고 해.	
실은 유학생이 아니었다고 해.	

3) うわさによると、ここは高い 소문에 의하면, 이곳은 비싸다

소문에 의하면 이곳은 비싸다고 해요.	
소문에 의하면 이곳은 비싸지 않다고 해요.	
소문에 의하면 이곳은 비쌌다고 해요.	
소문에 의하면 이곳은 비싸지 않았다고 해요.	

4) うわさによると、あそこはうまい 소문에 의하면, 저곳은 맛있다

소문에 의하면 저곳은 맛있다고 해.	
소문에 의하면 저곳은 맛있지 않다고 해.	
소문에 의하면 저곳은 맛있었다고 해.	
소문에 의하면 저곳은 맛있지 않았다고 해.	

5) ガイドの話ではあそこは有名だ 가이드의 이야기로는 저곳은 유명하다

가이드의 이야기로는 저곳은 유명하다고 해요.	
가이드의 이야기로는 저곳은 유명하지 않다고 해요.	
가이드의 이야기로는 저곳은 유명했다고 해요.	
가이드의 이야기로는 저곳은 유명하지 않았다고 해요.	

6) ガイドの話ではここは静かだ 가이드의 이야기로는 이곳은 조용하다

가이드의 이야기로는 이곳은 조용하다고 해.	
가이드의 이야기로는 이곳은 조용하지 않다고 해.	
가이드의 이야기로는 이곳은 조용했다고 해.	
가이드의 이야기로는 이곳은 조용하지 않았다고 해.	

7) 結局はタクシーに乗る **결국은 택시를 타다**

결국은 택시를 탄다고 해요.	
결국은 택시를 타지 않는다고 해요.	
결국은 택시를 탔다고 해요.	
결국은 택시를 타지 않았다고 해요.	

8) 結局は彼女に会いに行く **결국은 그녀를 만나러 가다**

결국은 그녀를 만나러 간다고 해.	
결국은 그녀를 만나러 가지 않는다고 해.	
결국은 그녀를 만나러 갔다고 해.	
결국은 그녀를 만나러 가지 않았다고 해.	

정답확인

1) 実は大学生だ 실은 대학생이다

실은 대학생이라고 해요.	実は大学生だそうです。
실은 대학생이 아니라고 해요.	実は大学生じゃないそうです。
실은 대학생이었다고 해요.	実は大学生だったそうです。
실은 대학생이 아니었다고 해요.	実は大学生じゃなかったそうです。

2) 実は留学生だ 실은 유학생이다

실은 유학생이라고 해.	実は留学生だそうだ。
실은 유학생이 아니라고 해.	実は留学生じゃないそうだ。
실은 유학생이었다고 해.	実は留学生だったそうだ。
실은 유학생이 아니었다고 해.	実は留学生じゃなかったそうだ。

3) うわさによると、ここは高い 소문에 의하면, 이곳은 비싸다

소문에 의하면 이곳은 비싸다고 해요.	うわさによると、 ここは高いそうです。
소문에 의하면 이곳은 비싸지 않다고 해요.	うわさによると、 ここは高くないそうです。
소문에 의하면 이곳은 비쌌다고 해요.	うわさによると、 ここは高かったそうです。
소문에 의하면 이곳은 비싸지 않았다고 해요.	うわさによると、 ここは高くなかったそうです。

4) うわさによると、あそこはうまい 소문에 의하면, 저곳은 맛있다

소문에 의하면 저곳은 맛있다고 해.	うわさによると、 あそこはうまいそうだ。
소문에 의하면 저곳은 맛있지 않다고 해.	うわさによると、 あそこはうまくないそうだ。
소문에 의하면 저곳은 맛있었다고 해.	うわさによると、 あそこはうまかったそうだ。
소문에 의하면 저곳은 맛있지 않았다고 해.	うわさによると、 あそこはうまくなかったそうだ。

5) ガイドの話ではあそこは有名だ 가이드의 이야기로는 저곳은 유명하다

가이드의 이야기로는 저곳은 유명하다고 해요.	ガイドの話ではあそこは有名だそうです。
가이드의 이야기로는 저곳은 유명하지 않다고 해요.	ガイドの話ではあそこは有名じゃないそうです。
가이드의 이야기로는 저곳은 유명했다고 해요.	ガイドの話ではあそこは有名だったそうです。
가이드의 이야기로는 저곳은 유명하지 않았다고 해요.	ガイドの話ではあそこは有名じゃなかったそうです。

6) ガイドの話ではここは静かだ 가이드의 이야기로는 이곳은 조용하다

가이드의 이야기로는 이곳은 조용하다고 해.	ガイドの話ではここは静かだそうだ。
가이드의 이야기로는 이곳은 조용하지 않다고 해.	ガイドの話ではここは静かじゃないそうだ。
가이드의 이야기로는 이곳은 조용했다고 해.	ガイドの話ではここは静かだったそうだ。
가이드의 이야기로는 이곳은 조용하지 않았다고 해.	ガイドの話ではここは静かじゃなかったそうだ。

7) 結局_{けっきょく}はタクシーに乗_のる **결국은 택시를 타다**

결국은 택시를 탄다고 해요.	結局_{けっきょく}はタクシーに 乗_のるそうです。
결국은 택시를 타지 않는다고 해요.	結局_{けっきょく}はタクシーに 乗_のらないそうです。
결국은 택시를 탔다고 해요.	結局_{けっきょく}はタクシーに 乗_のったそうです。
결국은 택시를 타지 않았다고 해요.	結局_{けっきょく}はタクシーに 乗_のらなかったそうです。

8) 結局_{けっきょく}は彼女_{かのじょ}に会_あいに行_いく **결국은 그녀를 만나러 가다**

결국은 그녀를 만나러 간다고 해.	結局_{けっきょく}は彼女_{かのじょ}に 会_あいに行_いくそうだ。
결국은 그녀를 만나러 가지 않는다고 해.	結局_{けっきょく}は彼女_{かのじょ}に 会_あいに行_いかないそうだ。
결국은 그녀를 만나러 갔다고 해.	結局_{けっきょく}は彼女_{かのじょ}に 会_あいに行_いったそうだ。
결국은 그녀를 만나러 가지 않았다고 해.	結局_{けっきょく}は彼女_{かのじょ}に 会_あいに行_いかなかったそうだ。

8강

지리에 따라
다채로운
일본의 자연환경

일본어 추측 표현

마구로, 벌써 메뉴판을 달라고 한 게 3번째예요.

케이크는 4개째…

뭔가 깔끔하게 입가심을 하고 싶은데 만족스럽지가 못해요.

흐음

계속 먹으니까 입가심이 안 되죠….

앗!!

그건 미처 생각 못 했네요.

...

역시 유리링! 예리해요!

오호!

식탁만 봐도
알 수 있을 것 같은데….

아무튼, 이번 책에서는
일본의 다양한 지리 환경에 대해 배워 봤어요.

어떠셨나요?

배도 타 보고 유빙도 보고 후지산도 올라가 보고….

도심도 좋지만 다양한 여행을
할 수 있어서 좋았어요.

후지산이 가장 힘들었지만
날씨도 좋아서
간 보람이 있었죠….

추 욱

저 앞에 야끼니쿠집에
다들 모여 있어요.

이런…
약속 시간보다 먼저
몰래 시작하다니….

몰래 시작한 게 아니라
네가 케이크 먹다가 늦어질 것 같아서
그냥 먼저 먹고 있겠다고 했잖아….

그랬나?

긁적

그러면 슬슬 저희도 이동할까요?

계속 케이크만 먹었더니 느끼해요.

앗, 마구로 센세 몸에서 달달한 냄새가 엄청나!

오기 전에 케이크를 4개나 먹었다네요.

뿌이~

자! 모두 수고하셨습니다!

일본통 日本通 되기!
に

일본의 성 島

일본 열도는 4개의 큰 섬과 주변의 작은 섬들로 이루어져 있는데, 섬의 개수는 무려 6,852개이고 그중에 사람이 살고 있는 섬은 416개라고 알려져 있어요. 북쪽으로는 오호츠크해, 남쪽으로는 동중국해까지 길게 이어져서 기후와 생태계가 무척 다양해요. 북쪽 섬은 겨울에 눈이 많이 오고 여름에도 시원하고 한반도에서 보기 어려운 절경을 즐길 수 있어요. 남쪽 섬은 열대의 푸른 바다와 온화한 기온으로 연중 해수욕을 즐길 수 있어요. 게다가 섬과 섬을 이동하는 페리와 항공편 노선이 잘 갖추어져 있어서 비교적 쉽게 오고 갈 수 있어요.

1 일본의 4개의 큰 섬

1) 혼슈 本州
ほんしゅう

일본에서 가장 큰 섬 혼슈本州는 세계에서 일곱 번째로 큰 섬으로 크기는 22만 7,939km²로 한반도보다 넓어요. 일본 인구의 80% 이상이 혼슈에 살고 있고 일본의 수도인 도쿄를 비롯해서 요코하마, 오사카, 나고야, 고베, 가와사키, 교토, 사이타마 등 일본 10대 도시 중 8곳이 혼슈에 위치하고 있어요.

2) 홋카이도 北海道
ほっかいどう

홋카이도北海道는 일본에서 두 번째로 큰 섬이고 세계에서 열아홉 번째로
ほっかいどう

큰 섬으로 크기는 7만 7,984km²예요. 혼슈 북쪽에 있고 도청 소재지인 삿포로시와 인근 지역에 인구 절반 이상이 거주하고 있어요. 일본에서도 홋카이도는 아름다운 자연과 맛있는 식자재, 그리고 살기 좋고 여유로운 곳이라는 이미지를 갖고 있어요.

3) 큐슈 九州

큐슈九州는 일본에서 세 번째로 큰 섬이고 세계에서 서른한 번째로 큰 섬으로 크기는 3만 6,783km²예요. 한국의 제주도와 위도가 비슷하고 한반도와 가까워서 역사적으로도 양국의 교류에 많은 역할을 한 지역이에요.

4) 시코쿠 四国

시코쿠四国는 일본에서 네 번째로 큰 섬이고 세계에서 서른여덟 번째로 큰 섬으로 크기는 1만 8,297km²예요. 일본의 4개 섬 중에서 가장 작으면서 산지가 많은 지형으로 발전이 늦은 편이에요. 4개 섬 중에서 유일하게 프로야구 팀도 없고 신칸센新幹線이 운행하지 않는 지역이에요. 하지만 덕분에 지역 간 기차 노선이 여전히 잘 운행되고 있어서 일본 소도시 기차 여행을 즐기기에 가장 좋은 곳으로 꼽히기도 해요.

2 섬 여행 명소 島旅名所

1) 야쿠시마 屋久島

　지브리 애니메이션 원령공주もののけ姫에 영감을 준 곳으로 알려져 있는 곳이 바로 이 야쿠시마예요. 일본 남부 카고시마현鹿児島県에서 바다 건너 60km 지점에 있는 외딴 섬으로 원시림으로 뒤덮인 신비한 섬이에요. 1993년 유네스코 세계유산으로 등재되면서, 사람의 손이 닿지 않은 고대의 자연을 체험하고 싶어 하는 사람들에게 버킷 리스트로 자리 잡았어요. 풍부한 수량과 고도차로 다양한 기후 조건이 형성돼 희귀 동식물을 볼 수 있어요. 그중에서도 야쿠사슴과 야쿠원숭이 같은 토착 동물은 사람이 다가가도 무서워하지 않아요. 그리고 세계에서 가장 크고 오래된 조몬 삼나무는 수령이 7000년이 넘었다고 추정돼요. 수령이 1000년 이상 된 삼나무를 야쿠스기라고 하는데 시라타니운스이협곡白谷雲水峡에서 야쿠스키숲을 걸어 볼 수 있어요. 야쿠시마는 바다도 특별해요. 산고노하마サンゴの浜(산호 해안)의 모래사장에서는 별 모양 산호 모래를 볼 수 있어요. 가고시마에서 제트포일을 타면 2시간 30분가량 걸리고, 페리를 타면 4시간, 항공편을 이용하면 40분 정도면 야쿠시마에 도착해요. 섬에는 버스도 있지만 렌터카를 이용하는 게 효율적이에요.

야쿠시마의 산은 산행로가 정비되지 않아서 자연 상태 그대로인 곳이 많고, 전파가 전혀 닿지 않는 곳이 많으니 현지 전문인과 동행하시거나 철저하게 준비하시고 안전하게 등반하세요.

2) 이즈제도 伊豆諸島

이즈제도는 행정 구역상 도쿄도에 속하기 때문에 도쿄제도라고도 불리는 9개의 섬 지역이에요. 투명하고 맑은 바다, 아름다운 숲, 온천, 수상 스포츠, 신선한 해산물 등을 모두 즐길 수 있는 특별한 휴양지예요. 바닷물이 투명하고 맑아 스노클링이나 다이빙 포인트가 많고, 수온이 따뜻해 산호와 열대어도 볼 수 있어요. 가장 큰 섬인 오-시마大島섬은 동백꽃椿으로도 유명해서 매년 1월부터 3월 사이에 오-시마공원大島公園에 가면 한겨울에도 꽃을 즐길 수 있어요. 이즈제도로 가는 가장 좋은 방법은 배편인데, 도쿄에서 고속 페리로 1시간 반이면 오-시마에 도착해요.

3) 오가사와라제도 小笠原諸島

유네스코 세계문화유산인 오가사와라제도는 도쿄에서 약 1,000km 떨어진 곳에 위치한 30개의 섬 지역이에요. 남태평양의 섬과 비교될 만큼 1년 내내 날씨가 온화하고 섬 주변의 물속에는 다양한 야생 동식물이 서식하고 있어서 일본 최고의 스노클링 명소예요. 그리고 계절에 따라서 다양한 고래와 돌고래를 볼 수 있어요. 아시아의 갈라파고스제도라고 불릴 만큼 오랜 세월 동안 동떨어진 환경에서 진화가 이루어진 덕분에 독자적인 생태계를 지니고 있어서 숲속으로 트레킹을 하면 다른 지역에서 찾아볼 수 없는 다양한 희귀종을 직접 볼 수 있어요. 게다가 밤하늘의 별 구경도 빼놓을 수 없는데요. 오가사와라제도의 섬은 대부분 무인도라서 인공 조명 없는 까만 밤하늘에 반짝이는 수많은 별을 즐길 수 있어요. 도쿄에서 오가사와라마루小笠原丸 라이너를 타고 24시간 이동하면 치치지마父島섬에 도착해요. 이 페리는 평상시에는 1주일에 한 편 운행하고, 성수기에는 운항 수를 늘리기도 해요.

* 오가사와라해운 http://www.ogasawarakaiun.co.jp/

일본어정복

1 (직감적)추측의 표현

 そうです는 다양한 역할이 있어요. 단독적으로 사용하면 '그렇습니다'라는 의미로 사용할 수 있고, 7강에서는 배운 것처럼 전해 들은 말을 표현할 수도 있었어요. 이번에는 추측의 표현에 대해서 배울 거예요.

 そうです로 추측의 표현도 할 수 있다고요? 정말 다양한 능력의 소유자네요.

 そうです를 사용한 추측의 표현은 말하는 사람의 시각적인 정보에 의한 추측이에요.

 눈으로만 보고, '어쩐지 저건 맛있을 거 같아'라고 말하는 거겠네요.

おいしい	そうです
맛있을 (い탈락)	거 같아요

おいしい	そうだ
맛있을 (い탈락)	거 같다

 7강에서 배운 표현과의 차이점을 발견했나요?

 い가 탈락했네요. 만약에 い가 탈락하지 않았다면 おいしいそうです '맛있다고 해요'가 되겠네요.

전문	추측
おいしいそうです	おいしそうです
맛있다고 해요	맛있을 거 같아요

 한 가지 더 주의해야 할 게 있어요. 이번에 배우는 추측의 표현은 시각적인 정보에 대한 추측의 표현이라고 했잖아요. 그래서 눈으로 보고 판단하는 이미지에 대해서는 이 표현을 사용하지 않아요. 예를 들어 외모나 외관에 대한 판단이요.

 그렇다면 '귀엽다, 예쁘다, 못생겼다' 이런 거는 만들 수 없다는 거네요.

 맞아요. 그리고 시각적인 판단에 대한 추측이기 때문에 명사에 대해서도 사용하지 않아요.

 그렇다면 이번에는 명사 파트가 없다는? 형용사랑 동사에 대해서만 외우면 되겠네요. 맘에 쏙 들었어요. (기쁨)

추측의 용법 そうです

1) 눈으로 보고 느낀 점에 대한 추측 표현

2) 시각적인 판단에 대해서는 사용하지 않음 예) 귀엽다, 예쁘다 등

3) 명사에 대해서는 사용하지 않음 예) 사과, 나무, 책상 등

2 い형용사

痛い	아프다
痛	아플
痛そうです	아플 거 같아요

 い형용사는 마지막 글자 い를 지우고 そうです를 붙인다는 거 잊지 마세요.

 い를 지우고 そうです!

重い 무거울	そうです 거 같아요
辛い 매울	
寒い 추울	そうだ 거 같다

 い형용사 중에서 두 가지 얼굴을 하고 있는 형용사가 하나 있었죠.

 네, '좋다'의 いい는 よい라는 다른 모습으로 여러가지 활용을 했어요.

よく、よかった、よくない….

 (감격)맞아요. いい는 よい를 사용해서 '좋을 거 같아요'는 よさそうです라고 해요. さ가 들어가는 거 잊지 마세요.

*예외

いい 좋다	そうです 거 같아요
よさ 좋을	そうだ 거 같다

 이번에는 い형용사의 부정 표현으로 만들어 볼게요. '아프지 않다'는 痛_{いた}くない라고 하죠. 이때 마지막 い를 지우고 방금 배운 예외 いい의 활용 규칙과 똑같이 さそうです를 붙이는 거예요.

 さ가 들어가고 そうです를 붙여야 하는 거네요.

痛_{いた}い	아프다
痛_{いた}くない	아프지 않다
痛_{いた}くなさ	아프지 않을
痛_{いた}くなさそうです	아프지 않을 거 같아요

重_{おも}くなさ 무겁지 않을	
辛_{から}くなさ 맵지 않을	そうです 거 같아요 そうだ 거 같다
寒_{さむ}くなさ 춥지 않을	

연습한 걸로 예문을 만들어 볼게요.

1) 結構痛_{けっこういた}そうですね。 **제법 아플 거 같네요.**

2) 結構辛_{けっこうから}そうだね。 **제법 매울 거 같네.**

3) そんなに重_{おも}くなさそうですよ。 **그렇게 무겁지 않을 거 같은데요.**

4) そんなに寒_{さむ}くなさそうだよ。 **그렇게 춥지 않을 거 같은데.**

 반말 문장은 회화에서는 마지막에 だ를 생략하고 사용하기도 해요.

辛_{から}そう。 **매울 거 같아.**

寒_{さむ}くなさそう。 **춥지 않을 거 같아.**

3 な**형용사**

暇_{ひま}だ	한가하다
暇_{ひま}	한가할
暇_{ひま}そうです	한가할 거 같아요

 な형용사는 마지막 글자 だ를 지우고 そうです를 붙이는 거예요.

 마지막 글자 だ를 지우고 そうです!

真面目だ 성실할	
丈夫だ 튼튼할	そうです 거 같아요 そうだ 거 같다
下手だ 서투를	

 부정 표현은 마지막 글자 い를 지우고 さそうです를 붙이는 거예요.

 さ가 추가된다는 거 잊으면 안 되겠네요.

暇だ	한가하다
暇じゃない	한가하지 않다
暇じゃなさ	한가하지 않을
暇じゃなさそうです	한가하지 않을 거 같아요

真面目じゃなさ 성실하지 않을	
丈夫じゃなさ 튼튼하지 않을	そうです 거 같아요 そうだ 거 같다
下手じゃなさ 서툴지 않을	

예문을 만들어 볼게요.

1) かなり真面目そうです。 꽤 성실할 거 같아요.

2) かなり丈夫そうだ。 꽤 튼튼할 거 같다.

3) あまり暇じゃなさそうです。 별로 한가하지 않을 거 같아요.

4) あまり下手じゃなさそうだ。 별로 서툴지 않을 거 같다.

 반말 문장은 회화에서 だ를 생략할 수 있다고 했으니까 이렇게도 할 수 있겠네요.

かなり丈夫そう。 꽤 튼튼할 거 같아.

あまり下手じゃなさそう。 별로 서툴지 않을 거 같아.

4 동사

降る	(비 등이) 내리다
降ります	내립니다
降り	내릴
降りそうです	내릴 거 같아요

 동사는 ます형에 ます를 지우고 そうです를 붙여야 해요.

 동사는 ます를 지우고 そうです!

<ruby>晴<rt>は</rt></ruby>れ (날씨가) 맑아질	そうです 거 같아요
<ruby>倒<rt>たお</rt></ruby>れ 쓰러질	そうだ 거 같다
でき 할 수 있을	

 동사의 부정 표현은 ます를 지우고 そうにありません을 붙이는
거예요.

 그렇다면 반말은 ありません 대신에 ない를 붙이면 되겠군요.

<ruby>降<rt>ふ</rt></ruby>る	(비 등이) 내리다
<ruby>降<rt>ふ</rt></ruby>ります	내립니다
<ruby>降<rt>ふ</rt></ruby>り	내릴
<ruby>降<rt>ふ</rt></ruby>りそうにありません	내릴 거 같지 않아요

<ruby>晴<rt>は</rt></ruby>れ (날씨가) 맑아질	そうにありません 거 같지 않아요
<ruby>倒<rt>たお</rt></ruby>れ 쓰러질	そうにない 거 같지 않다
でき 할 수 있을	

동사도 예문을 만들어 볼게요.

1) 今日こそ降りそうです。　오늘이야말로 (비가) 내릴 거 같아요.

2) 今日こそ晴れそうだ。　오늘이야말로 (날씨가) 맑아질 거 같다.

3) どうも倒れそうにありません。　아무래도 쓰러질 거 같지 않아요.

4) どうもできそうにない。　아무래도 할 수 있을 거 같지 않다.

5 비가 내릴 거 같은 날은 산에 가지 않는 게 좋아.(1)

雨が降りそうな日は山に行かない方がいい。

雨が	降りそうな	日は	山に	行かない	方が	いい
비가	내릴 거 같은	날은	산에	가지 않는	게(편이)	좋아

 추측의 표현 そうです는 な형용사처럼 사용할 수 있어요. 그래서 명사를 수식할 때는 そうな를 사용해요.

 형용사의 수식적 용법! 1권 5강에서 배운 거네요.

降りそうだ	(비가) 내릴 거 같다
降りそうな	(비가) 내릴 거 같은

重そうだ	무거울 거 같다
重そうな	무거울 거 같은

<ruby>丈夫<rt>じょうぶ</rt></ruby>じゃなさそうだ	튼튼하지 않을 거 같다
<ruby>丈夫<rt>じょうぶ</rt></ruby>じゃなさそうな	튼튼하지 않을 거 같은

1) <ruby>重<rt>おも</rt></ruby>そうな<ruby>荷物<rt>にもつ</rt></ruby>を<ruby>持<rt>も</rt></ruby>っています。　무거울 거 같은 짐은 들고 있어요.
2) <ruby>丈夫<rt>じょうぶ</rt></ruby>じゃなさそうな<ruby>紙袋<rt>かみぶくろ</rt></ruby>を<ruby>持<rt>も</rt></ruby>っています。

　　튼튼하지 않을 거 같은 종이 가방을 들고 있어요.

6 모두들, 맛있는 것처럼 먹고 있어요.(2)

<ruby>皆<rt>みんな</rt></ruby>、おいしそうに<ruby>食<rt>た</rt></ruby>べています。

<ruby>皆<rt>みんな</rt></ruby>	おいしそうに	<ruby>食<rt>た</rt></ruby>べています
모두들	맛있는 것처럼	먹고 있어요

 추측의 표현 そうです는 な형용사처럼 사용할 수 있기 때문에 동사를 수식할 수도 있어요. 이때는 そうに를 사용해서 동사를 수식해요.

 형용사의 부사적 용법! 2권 8강에서 배운 거네요.

おいしそうだ	맛있을 거 같다
おいしそうに	맛있는 것처럼, 맛있는 듯이

<ruby>暇<rt>ひま</rt></ruby>そうだ	한가할 거 같다
<ruby>暇<rt>ひま</rt></ruby>そうに	한가한 것처럼, 한가한 듯이

倒^{たお}れそうだ	쓰러질 거 같다
倒^{たお}れそうに	쓰러질 것처럼, 쓰러질 듯이

1) 暇^{ひま}そうに見^みえますね。 한가한 듯이 보이네요. (한가해 보이네요.)

2) 倒^{たお}れそうに揺^ゆれました。 쓰러질 듯이 흔들렸어요.

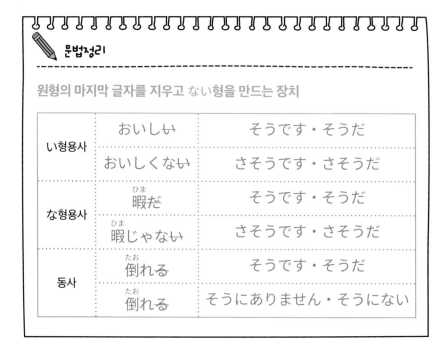

문법정리

원형의 마지막 글자를 지우고 ない형을 만드는 장치

い형용사	おいしい	そうです・そうだ
	おいしくない	さそうです・さそうだ
な형용사	暇^{ひま}だ	そうです・そうだ
	暇^{ひま}じゃない	さそうです・さそうだ
동사	倒^{たお}れる	そうです・そうだ
	倒^{たお}れる	そうにありません・そうにない

다음 제시어를 사용하여 문장을 완성하시오.

1) マグロ先生は頭がいい 마구로 센세는 머리가 좋다

마구로 센세는 머리가 좋은 거 같아요.	
마구로 센세는 머리가 좋은 거 같다.	
마구로 센세는 머리가 좋지 않은 거 같아요.	
마구로 센세는 머리가 좋지 않은 거 같다.	

2) このレシピは簡単だ 이 레시피는 간단하다

이 레시피는 간단할 거 같아요.	
이 레시피는 간단할 거 같다.	
이 레시피는 간단하지 않을 거 같아요.	
이 레시피는 간단하지 않을 거 같다.	

3) 会議はすぐ終わる 회의는 곧 끝나다

회의는 곧 끝날 거 같아요.	
회의는 곧 끝날 거 같다.	

4) 会議はまだ終わる 회의는 아직 끝나다

회의는 아직 끝날 거 같지 않아요.	
회의는 아직 끝날 거 같지 않다.	

5) 高い 비싸다 タブレット 태블릿

비쌀 거 같은 태블릿이에요.	
비싸지 않을 거 같은 태블릿이에요.	

6) 時間がない 시간이 없다 急ぐ 서두르다

시간이 없는 듯 서두르고 있어요.	

1) マグロ先生は頭がいい **마구로 센세는 머리가 좋다**

마구로 센세는 머리가 좋은 거 같아요.	マグロ先生は頭がよさそうです。
마구로 센세는 머리가 좋은 거 같다.	マグロ先生は頭がよさそうだ。
마구로 센세는 머리가 좋지 않은 거 같아요.	マグロ先生は頭がよくなさそうです。
마구로 센세는 머리가 좋지 않은 거 같다.	マグロ先生は頭がよくなさそうだ。

2) このレシピは簡単だ **이 레시피는 간단하다**

이 레시피는 간단할 거 같아요.	このレシピは簡単そうです。
이 레시피는 간단할 거 같다.	このレシピは簡単そうだ。
이 레시피는 간단하지 않을 거 같아요.	このレシピは簡単じゃなさそうです。
이 레시피는 간단하지 않을 거 같다.	このレシピは簡単じゃなさそうだ。

3) 会議_{かいぎ}はすぐ終_おわる 회의는 곧 끝나다

회의는 곧 끝날 거 같아요.	会議はすぐ終わりそうです。
회의는 곧 끝날 거 같다.	会議はすぐ終わりそうだ。

4) 会議_{かいぎ}はまだ終_おわる 회의는 아직 끝나다

회의는 아직 끝날 거 같지 않아요.	会議はまだ終わりそうにありません。
회의는 아직 끝날 거 같지 않다.	会議はまだ終わりそうにない。

5) 高_{たか}い 비싸다 タブレット 태블릿

비쌀 거 같은 태블릿이에요.	高そうなタブレットです。
비싸지 않을 거 같은 태블릿이에요.	高くなさそうなタブレットです。

6) 時間_{じかん}がない 시간이 없다 急_{いそ}ぐ 서두르다

시간이 없는 듯 서두르고 있어요.	時間がなさそうに急いでいます。

JLPT
N5 N4
필수 동사

JLPT N5 필수 동사

단어	발음	의미
会う	あ-う	1.만나다 2.대면하다;면회하다 3.우연히 만나다;조우하다
上がる	あが-る	1.오르다 2.몰수되다;빼앗기다 3.'食う' '飲む"吸う'의 높임말
明く·開く	あ-く	1.열리다 2.가게 문이 열리다;시작하다 3.면해 있다;나 있다
開ける	あ-ける	1.열다 2.사이를 떼다
上げる	あ-げる	1.올리다 2.얹다 3.조수가 밀려오다;밀물이 들어오다
遊ぶ	あそ-ぶ	1.놀다 2.유람하다 3.타향에서 배우다;유학하다
浴びる	あ-びる	1.뒤집어쓰다 2.들쓰다 3.흠뻑 쓰다
洗う	あら-う	1.씻다;빨다 2.밀려 왔다 나갔다 하다 3.자세히 들춰 조사하다
有る	あ-る	1.있다 2.얼마큼 되다 3.죽 …하다
歩く	ある-く	1.걷다;산책하다 2.여기저기 돌아다니며 …하다 3.보내다;지내다
言う	い-う	1.말하다;하다 2.…을 …라고 하다 3.소리가 나다;소리가 들리다
行く	いく	1.딴 곳으로 움직여 가다 2.…해 가다 3.점점 변해서 그렇게 되다;…져 가다
居る	いる	1.있다 2.앉다 3.가만히 있다
要る	い-る	필요하다;소용되다
入れる	い-れる	1.넣다 2.들어가게 하다 3.속에 집어넣다
歌う	うた-う	1.가락을 붙여 노래 부르다 2.시가를 짓다;읊다 3.새가 지저귀다

生(ま)れる·産(ま)れる	うま-れる	1.태어나다;출생하다 2.없던 것이 새로 생기다
売る	う-る	1.팔다 2.값을 받고 물건 등을 주다 3.이익을 위해 배반하다
起きる	お-きる	1.일어나다 2.바로 서다 3.기상하다
置く	お-く	1.두다 2.놓다 3.앉다;맺히다
教える	おし-える	1.가르치다 2.지식·기능 등을 배워 주다 3.자기가 아는 바를 알리다
押す	お-す	1.밀다 2.누르다 3.내리누르다
覚える	おぼ-える	1.느끼다 2.기억하다 3.배우다
泳ぐ	およ-ぐ	1.헤엄치다 2.수영을 하다;또, 물속에서 나아가다 3.헤쳐 나가다;처세하다
降りる	お-りる	1.내리다 2.참가할 권리를 포기하다;전하여, 그때까지 관계했던 일 따위를 개인적인 이유로 도중에서 포기하다
終(わ)る	おわ-る	1.끝나다 2.마치다
買う	か-う	1.사다 2.구입하다 3.자초하다;초래하다
返す	かえ-す	1.돌리다 2.돌려주다 3.되돌아오다
帰る	かえ-る	1.돌아가다;돌아오다 2.본디 장소로 다시 가다 3.왔던 사람이 물러가다
掛(か)る	かか-る	1.걸리다 2.달리다;늘어져 있다 3.불 위에 올려 놓이다
書く	か-く	1.쓰다 2.컴퓨터의 기억 장치에 데이터를 기억시키다
貸す	か-す	1.빌려주다 2.이용케 하다 3.조력하다;도와주다
被る	かぶ-る	1.쓰다;뒤집어쓰다 2.끝나다;파하다 3.건판·필름이 흐려지다
嚙る	かぶ-る	1.덥석 물다;한 모금에 마시다 2.배가 아프다;복통이 일어나다
借りる	か-りる	빌리다;꾸다

消える	き-える	1.꺼지다 2.스러지다;사라지다 3.없어지다
聞く	き-く	1.듣다 2.희망·요구·명령·가르침 따위를 듣고서 납득하다;알아듣다 3.잘 듣고 처리하다
来る	くる	1.오다 2.이리로 오다;다가오다 3.일어나다;생기다
消す	け-す	1.끄다 2.불타는 것을 죽이다 3.스위치·고동 등을 틀어 멈추다
答える	こた-える	대답하다;해답하다
困る	こま-る	1.곤란하다 2.괴로움을 겪다;시달리다 3.난처하다
咲く	さ-く	피다
作文	さくぶん	[명사] 1.작문;글짓기 2.표현만은 좋으나 실질이 따르지 않는 것;또, 그런 글
散歩	さんぽ	[명사] 산보;산책
死ぬ	し-ぬ	1.죽다 2.숨이 끊어지다 3.활동이 멈추다;자다
閉(ま)る	しま-る	꼭 닫히다
閉める	し-める	닫다
締める	し-める	1.죄다 2.조르다;또, 매다 3.다잡다
吸う	す-う	1.들이마시다 2.마시다;먹다 3.빨아들이다
住む	す-む	1.살다;거처하다 2.깃들이다 3.남자가 여자 집에 다니면서 동거하다
する		1.하다 2.…노릇을 하다 3.…한 상태가 되게 하다;…의 지위로 삼다
座る	すわ-る	1.앉다 2.자리에 엉덩이를 붙이다 3.어느 지위·자리를 이어받다;들어앉았다
立つ	た-つ	1.일어서다 2.일어나다 3.→たてる
食べる	た-べる	1.먹다 2.먹을 것을 먹다 3.생활하다

出す	だ-す	1.내다 2.안에서 밖으로 옮기다;내놓다 3.…하기 시작하다
使う	つか-う	1.쓰다 2.사용하다 3.소비하다
作る	つく-る	1.만들다 2.만들어 내다;제작하다 3.조직하다;설립하다
出る	でる	1.나가다 2.나아가다;전진하다 3.나오다
飛ぶ	と-ぶ	1.날다 2.날아가다 3.흩날리다
撮る	と-る	찍다
習う	なら-う	1.연습하다;익히다 2.배우다 3.여러 번 경험하다;익숙해지다;습관이 되다;친숙해지다
寝る	ねる	1.자다 2.잠을 자다 3.잠자리를 같이하다;동침하다
登る	のぼ-る	높은 곳으로 올라가다
飲む	の-む	1.마시다 2.먹다 3.복용하다
乗る	の-る	1.타다 2.탈것에 타다 3.실리다
入る	はい-る	1.들다 2.들어오다;들어가다 3.빠지다
始(ま)る	はじま-る	1.시작되다 2.개시되다 3.평소에 하던 버릇이 나타나다
話す	はな-す	1.이야기하다 2.말하다 3.상의하다
降る	ふ-る	1.내리다;오다 2.위에서 물건이 떨어지다 3.뜻하지 않은 일이 닥치다
曲(が)る	まが-る	1.구부러지다 2.굽다 3.방향을 바꾸다;돌다
待つ	ま-つ	1.기다리다 2.빨리 오거나 실현되기를 바라다 3.채비를 하고 맞이하다
磨く	みが-く	1.닦다 2.윤을 내다 3.손질하여 아름답게 하다;깨끗이 하다
見せる	み-せる	1.보이다 2.남에게 보도록 하다 3.나타내다

見る	みる	1.보다 2.눈으로 파악·확인하다 3.조사하다
持つ	も-つ	1.쥐다;들다 2.가지다 3.어떤 상태가 오래가다;지속하다;지탱하다;견디어 나가다
休む	やす-む	1.쉬다 2.편해지다 3.→やすめる
呼ぶ	よ-ぶ	1.부르다 2.소리 내어 부르다 3.큰 소리로 외치다
読む	よ-む	1.읽다 2.소리 내어 읽다 3.보고 이해하다
分(か)る	わか-る	1.알다 2.판명되다 3.판단·이해할 수 있다

JLPT N4 필수 동사

단어	발음	의미
会う	あ-う	1.합쳐지다;만나다 2.서로 …하다 3.결합하다;맺어지다
空く	あ-く	1.비다 2.들어 있지 않다;차지하지 않다 3.결원이 나다
集まる	あつま-る	모이다;집중하다;떼지어 모이다
集める	あつ-める	모으다;집중시키다
謝る	あやま-る	1.사죄하다;사과하다 2.손들다;사절하다
生きる·活きる	い-きる	1.살다 2.생존하다 3.생명을 유지하다
苛める	いじ-める	1.괴롭히다;들볶다 2.혹독하게 다루다;최대한으로 혹사하다
急ぐ	いそ-ぐ	1.서두르다 2.채비하다
致す	いた-す	1.가져오다;일으키다 2.보내다 3.'する'의 겸사말

頂く	いただ-く	1.이다;었다 2.받들다;모시다 3.'もらう'의 공손한 말씨
祈る	いの-る	1.빌다 2.신불에 기도하다;기원하다 3.진심으로 바라다;희망하다
いらっしゃ-る		1.'来る"行く"居る'의 공대말 2.…하고 계시다 3.…이시다
祝う	いわ-う	1.축하하다;축복하다 2.축복의 선물을 하다 3.행운을 기원하다
植える	う-える	1.심다 2.키우려고 땅속에 묻다 3.불어넣다
窺う	うかが-う	엿보다;살피다;노리다
伺う	うかが-う	1.듣다·묻다의 겸사말;품의하다 2.찾다·방문하다의 겸사말
受ける	う-ける	1.받다 2.주는 것을 받다 3.호평을 받다;인기를 모으다
動く	うご-く	1.움직이다 2.옮아가다 3.작동하다;돌다
打つ	う-つ	1.치다 2.때리다;두드리다 3.안에서 유동하는 것이 느껴지다;뛰다
写す	うつ-す	1.베끼다;모사하다 2.그리다;묘사하다 3.박다;촬영하다
選ぶ	えら-ぶ	1.고르다 2.뽑다;가리다 3.택하다
おいでに なる		오시다, 가시다, 계시다
送る	おく-る	1.보내다 2.부치다 3.송금하다
遅れる	おく-れる	1.늦다 2.시간보다 늦다 3.더디다
起(こ)す	おこ-す	1.일으키다 2.일으켜 세우다 3.벌이다;시작하다
怒る	おこ-る	1.성내다;화내다 2.꾸짖다;꾸지람하다
落ちる	お-ちる	1.떨어지다 2.낙하하다 3.내리다;오다
仰る	おっしゃ-る	말씀하시다

落(と)す	おと-す	1.떨어뜨리다 2.이동시키다 3.놓치다
踊る	おど-る	1.춤추다 2.남의 앞잡이가 되어 행동하다;남의 장단에 춤추다
驚く	おどろ-く	1.놀라다;경악하다 2.문득 깨닫다 3.눈이 뜨이다;잠이 깨다
思い出す	おもいだ-す	생각해 내다;상기하다
お休みになる	おやすみになる	주무시다
下りる	お-りる	1.내리다 2.내려오다 3.결정·지시가 나오다
折れる	お-れる	1.접히다 2.꺾이다 3.부러지다
飼う	か-う	1.기르다;치다 2.동물에게 먹이를 주다
変える	か-える	1.바꾸다 2.변하다;변화시키다 3.고치다;변경시키다
係る	かか-る	1.관계되다;관련되다 2.손으로 되다;제작되다 3.다음 말에 걸리다
係ける	か-ける	그 말을 문법적으로 딴말과 연관시키다
掛ける	か-ける	1.걸다 2.늘어뜨리다;달다 3.채우다;잠그다
懸ける	か-ける	1.걸다 2.늘어뜨리다;달다 3.내던지다
飾る	かざ-る	1.장식하다 2.꾸미다;치장하다 3.의의 있게 하다
片付ける	かたづ-ける	1.치우다 2.정돈하다 3.결말을 내다;해결을 짓다
勝つ	か-つ	1.이기다 2.승리하다 3.극복하다
嚙む	か-む	1.물다;악물다 2.씹다 3.서로 맞물다
通う	かよ-う	1.다니다;왕래하다 2.통하다 3.마음이 상통하다
乾く	かわ-く	1.마르다;건조하다 2.인간미가 없고 냉담한 느낌을 주다

変(わ)る	かわ-る	1.변하다;바뀌다 2.틀리다 3.다르다
考える	かんが-える	1.생각하다 2.고안하다;안출하다
がまんする		참다
頑張る	がんば-る	1.강경히 버티다;우기다 2.참고 계속 노력하다;견인 발분하다
聞(こ)える	きこ-える	1.들리다 2.이해하다;납득하다 3.세상에 알려져 있다;이름나다
決(ま)る	きま-る	1.정해지다;결정되다 2.쓴 기술이 먹혀 들어가다;승부의 판결이 나다 3.틀이 잡히다
決める	き-める	1.정하다;결정하다 2.약속하다 3.…으로 생각하고 있다;…로 정하고 있다
切る	き-る	1.치다;베다 2.자르다;절단하다 3.→きれる
着る	きる	1.옷을 입다 2.전하여 3.뒤집어쓰다
下さる	くださ-る	1.주시다 2.…하여 주시다
曇る	くも-る	1.흐리다;흐려지다 2.어두워지다;우울해지다 3.울음 섞인 소리로 되다
比べる	くら-べる	1.비교하다;대조하다 2.경쟁하다;경쟁시키다
く-れる		1.주다 2.동작을 가하다 3.호의를 갖고 …하다
暮れる	く-れる	1.저물다 2.날이 저물다;해가 지다 3.한 해가 끝나다;세월이 지나가다
込む	こ-む	1.혼잡하다;붐비다 2.안에 넣다 3.→こめる
転ぶ	ころ-ぶ	1.쓰러지다;자빠지다 2.구르다 3.탄압을 받아서 개종하다;전향하다
壊す	こわ-す	1.파괴하다;부수다 2.고장 내다;탈을 내다 3.망치다
壊れる	こわ-れる	1.깨지다 2.부서지다;파괴되다 3.틀어지다
御座る	ござ-る	1.'居る"ある'의 높임말 2.계시다;있나이다 3.오시다;가시다

ご覧になる	ごらんになる	보시다
探す·捜す	さが-す	찾다
下がる	さが-る	1.내리다 2.내려가다 3.떨어지다
下げる	さ-げる	1.내리다 2.내려 주다;하사하다 3.드리우다
差(し)上げる	さしあ-げる	1.들어 올리다 2.드리다;바치다 3.…해 드리다
差す	さ-す	1.가리다;쓰다 2.손을 앞으로 뻗다;내밀다 3.밀려오다
騒ぐ	さわ-ぐ	1.떠들다;시끄러워지다 2.당황해서 침착성을 잃다;허둥대다 3.사람들의 세평에 오르다
触る	さわ-る	1.닿다;손을 대다 2.관계를 갖다 3.기분을 상하게 하다
叱る	しか-る	꾸짖다;야단치다
仕舞う	しま-う	1.파하다;끝나다 2.끝내다 3.마치다
知らせる	しら-せる	알리다;통지하다;통보하다
調べる	しら-べる	1.조사하다 2.연구하다;검토하다 3.찾다;수색하다
知る	し-る	1.알다 2.점유하다;영유하다 3.→しれる
過ぎる	す-ぎる	1.지나다;통과하다 2.끝나다 3.지내다;살아가다
空く	す-く	1.틈이 나다;짬이 나다 2.속이 비다 3.허기지다
進む	すす-む	1.나아가다 2.진출하다 3.→すすめる
捨てる	す-てる	1.버리다 2.…해 버리다 3.써서 낡은 것을 버리다
滑る	すべ-る	1.미끄러지다 2.무심코 입을 잘못 놀리다 3.양위하다;퇴위하다
剃る	す-る	깎다 (=そる)

育てる	そだ-てる	키우다;기르다;양육하다
倒れる	たお-れる	1.쓰러지다 2.자빠지다;넘어지다 3.더 버티지를 못하게 되다
足す	た-す	1.더하다 2.보태다;채우다 3.마치다;끝내다
訪ねる	たず-ねる	찾다;방문하다
建つ	た-つ	세워지다
建てる	た-てる	세우다;짓다;건조하다
頼む	たの-む	1.부탁하다 2.믿게 하다;신뢰하게 하다 3.→たのもう
足りる	た-りる	1.족하다 2.충분하다;자라다 3.충족되다;낼 수 있다
違う	ちが-う	1.다르다 2.틀리다;잘못되다 3.→ちがえる
捕まえる	つかま-える	붙잡다;붙들다
疲れる	つか-れる	1.지치다;피로해지다 2.오래 사용해서 약해지다;낡아지다
着く	つ-く	1.닿다 2.도착하다 3.접촉하다;박히다
付く	つ-く	1.붙다 2.달라붙다;매달리다 3.묻다
即ける	つ-ける	왕위에 앉히다
就ける	つ-ける	1.지위에 앉히다;자리에 오르게 하다 2.하게 하다;종사 시키다 3.지도를 받게 하다;사사하게 하다
付ける	つ-ける	1.붙이다 2.대다;→つける 3.늘 …해 오다;항상 … 버릇 이다
伝える	つた-える	1.전하다 2.미치게 하다;전도하다 3.알리다;전언하다
包む	つつ-む	1.싸다;포장하다 2.감추다;숨기다 3.에워싸다;포위하다
続く	つづ-く	1.계속하다;계속되다 2.잇따르다;연달다 3.→つづける

続ける	つづ-ける	계속하다
勤める	つと-める	1.종사하다;근무하다 2.불도를 닦다;근행하다
積(も)る	つも-る	1.쌓이다;많이 모이다 2.세월이 지나다 3.어림하다
釣る	つ-る	1.낚다 2.잡다 3.꾀다;유혹하다
連れる	つ-れる	1.데리고 오다;거느리다 2.동반되다;따르다 3.그렇게 됨에 따라
手伝う	てつだ-う	1.같이 거들다;남을 도와서 일하다 2.한몫 곁들어 영향을 주다;…이 이유의 하나가 되다
出掛ける	でか-ける	1.외출하다;나가다 2.나가려고 하다
出来る	で-きる	1.생기다 2.남녀가 은밀히 맺어지다 3.되다;이루어지다
出来る	で-きる	할 수 있다;할 줄 알다;가능하다
通る	とお-る	1.통하다 2.뚫리다 3.동닿다
閉じる	と-じる	1.닫히다 2.끝나다 3.닫다
届く	とど-く	1.닿다;달하다 2.이루어지다 3.→とどける
届ける	とど-ける	1.가 닿게 하다;보내어 주다 2.신고하다
止(ま)る·停(ま)る	とま-る	1.멈추다 2.멎다;그치다 3.정지하다;서다
泊(ま)る	とま-る	1.묵다 2.숙박하다 3.숙직하다
止める·停める	と-める	1.멈추다 2.세우다;정지하다 3.끊다;잠그다
泊める	と-める	1.숙박시키다;묵게 하다 2.정박시키다
取(り)替える·取(り)換える	とりか-える	바꾸다;교환하다;갈다

取る	と-る	1.잡다 2.들다;쥐다 3.→とれる
直す	なお-す	1.고치다 2.정정하다 3.바로잡다
治す	なおす	고치다, 치료하다
治る	なおる	낫다, 치료되다
直る	なお-る	1.고쳐지다 2.바로잡히다 3.치료되다;낫다
流れる	なが-れる	1.흐르다 2.흘러내리다 3.흘러가다
泣く	な-く	1.울다 2.호된 변을 겪다;고생하다 3.참다;값을 할인하다
鳴く・啼く	な-く	소리를 내다;울다;→なかずとばず
無くす	なく-す	없애다;잃다
亡くなる	なくな-る	1.죽다;돌아가다 2.멸망하다
無くなる	なくな-る	1.없어지다 2.보이지 않게 되다 3.다 떨어지다;다하다
投げる	な-げる	1.던지다 2.멀리 보내다 3.비추다
為さる	なさ-る	하시다
並ぶ	なら-ぶ	1.한 줄로 서다 2.늘어서다 3.→ならべる
並べる	なら-べる	1.늘어놓다;나란히 하다 2.견주다;비교하다 3.열거하다;차례차례로 말하다
鳴る	な-る	1.울리다 2.소리가 나다 3.떨치다;드날리다
為る	な-る	1.…이 되다 2.다른 것으로 되다 3.어느 때가 되다
慣れる	な-れる	1.익숙해지다;익다 2.늘 겪어서 예사로워지다 3.길들다
似合う	にあ-う	잘 맞다;어울리다;조화되다

逃げる	に-げる	1.도망치다;달아나다 2.회피하다;거절하다 3.따라잡히지 않고 이기다
似る·肖る	にる	닮다;비슷하다
脱ぐ	ぬ-ぐ	1.벗다 2.→ぬげる
盗む	ぬす-む	1.훔치다;속이다 2.남의 작품을 도작하다;표절하다 3.도루하다
塗る	ぬ-る	1.바르다 2.칠하다 3.화장을 하다
濡れる	ぬ-れる	1.젖다 2.정을 통하다;정사를 하다
願う	ねが-う	1.원하다;바라다 2.출원하다 3.동작을 나타내는 말을 하지 않고 동작을 부탁하다
眠る·睡る	ねむ-る	1.자다 2.잠자다 3.활용되지 않다
残る	のこ-る	1.남다;여분이 생기다 2.후세에 전해지다 3.위험한 상태이기는 하지만 아직은 승부의 여지가 남아 있다
乗(り)換える·乗(り)替える	のりか-える	1.바꿔 타다;갈아타다 2.안이하게 편리한 쪽으로 바꾸다;이제까지의 관계·생각 따위를 바꾸다 3.다른 주식·채권 따위로 바꿔 사다
拝見する	はいけんする	보다, 읽다
穿く	は-く	1.입다 2.신다
運ぶ	はこ-ぶ	1.운반하다;옮기다 2.진행시키다;추진하다 3.진척되다
走る	はし-る	1.달리다;빨리 움직이다 2.뻗다;통하다 3.달아나다;도망치다
始める·初める	はじ-める	1.시작하다 2.…하기 시작하다
働く	はたら-く	1.일을 하다;활동하다 2.항상 움직이다 3.나쁜 짓을 하다
払う	はら-う	1.제거하다;없애다 2.털다 3.물리치다;쫓아 버리다
張る	は-る	1.뻗다;뻗어 나다 2.펴다;뻗치다 3.→はれる

晴れる	は-れる	1.개다 2.사라지다 3.풀리다
冷える	ひ-える	차가워지다;차갑게 느껴지다;식다
光る	ひか-る	1.빛나다 2.빛을 내다;번쩍이다 3.색채 따위가 눈부실 정도로 빛나다
引く	ひ-く	1.끌다 2.잡아끌다 3.빠지다
弾く	ひ-く	악기를 연주하다;켜다;타다
引(っ)越す	ひっこ-す	이사하다
開く	ひら-く	1.열리다 2.열다 3.→ひらける
拾う	ひろ-う	1.줍다 2.골라내다 3.걸어서 가다
	ふ-える	1.늘다;증가하다 2.번식하다
吹く	ふ-く	1.불다 2.입김으로 불다 3.내솟다;솟아 나오다
太る	ふと-る	1.살찌다 2.재산 등이 늘어나다
踏む	ふ-む	1.밟다 2.발로 밟다;디디다 3.과정을 거치다
	ぶつか-る	1.부딪다;충돌하다 2.부닥치다;맞닥뜨리다 3.마주치다; 겹쳐지다
褒める	ほ-める	1.칭찬하다;찬양하다 2.축하하다;축복하다
参る	まい-る	1.가다;오다 2.상대방에게 우위를 빼앗기다 3.올리다; 바치다
負ける	ま-ける	1.지다;패하다 2.옻 타다;피부가 …에 약하다 3.값을 깎아 주다
間違える	まちが-える	1.잘못하다;틀리다 2.다른 것으로 착각하다;잘못 알다
間に合う	まにあ-う	1.시간에 대다 2.급한 대로 쓸 수 있다;족하다 3.충분하다
守る	まも-る	1.지키다 2.소중히 하다;어기지 않다 3.수호하다;보호하다

回る·廻る	まわ-る	1.돌다 2.회전하다;둘레를 돌다 3.차례로 돌다
見える	み-える	1.보이다 2.눈에 들어오다 3.볼 수 있다
見付かる	みつか-る	1.발견되다 2.들키다;발각되다 3.찾게 되다
見つける	みつ-ける	1.찾다;발견하다 2.늘 보다;자주 보아서 눈에 익다
迎える	むか-える	1.맞이하다 2.맞다;마중하다 3.부르다;모셔 오다
召し上(が)る	めしあが-る	'飲む' '食べる'의 높임말
申(し)上げる	もうしあ-げる	1.말씀드리다;여쭙다 2.…해 드리다;…하다
申す	もう-す	1.말하다 2.'言う' '語る' '告げる' '唱える'의 겸사말·공대말 3.…을 해 드리다
戻す	もど-す	1.되돌리다;갚다 2.토하다;게우다
戻る	もど-る	되돌아가다
貰う	もら-う	1.받다;얻다 2.집으로 맞아들이다 3.인수하다;맡다
焼く	や-く	1.태우다 2.애태우다 3.→やける
約束	やくそく	1.약속 2.언약 3.규칙;규정
焼ける	や-ける	1.타다 2.구워지다 3.뜨거워지다
痩せる	や-せる	1.여위다;살이 빠지다 2.재산이 줄다 3.물줄기가 가늘어지다
止む	や-む	1.멈추다 2.그치다;멎다 3.→やめる
止める	や-める	그만두다;중지하다;끊다
遣る	や-る	1.보내다 2.다니게 하다 3.뒤엣것을 먼저 지나가게 하다
行く·往く	ゆ-く	1.가다(=いく) 2.한곳에서 딴 곳으로 움직여 가다 3.떠나다

揺れる	ゆ-れる	흔들리다
汚れる	よご-れる	더러워지다
寄る	よ-る	1.접근하다;다가가다 2.미치다 3.마음을 두다;의지하다;복종하다
喜ぶ	よろこ-ぶ	1.즐거워하다;기뻐하다 2.경하하다;축복하다 3.달갑게 받아들이다;기꺼이 받아들이다
沸かす	わか-す	1.데우다;끓이다 2.열광시키다;흥분시키다 3.녹이다
別れる	わか-れる	1.헤어지다 2.갈라서다;이별하다 3.작별하다
沸く	わ-く	1.끓다 2.금속이 녹다 3.발효하다;뜨다
忘れる	わす-れる	잊다;잊고 오다
渡す	わた-す	1.건네주다 2.건너가게 하다
渡る·渉る	わた-る	1.건너다 2.건너가다 3.길게 뻗치다;쭉 …하다
笑う	わら-う	1.웃다 2.기쁨·우스움·계면쩍음 등으로 웃다 3.꽃봉오리 따위가 열려 방긋거리다
割る·破る	わ-る	1.나누다 2.노느다;벼르다 3.→われる
割れる·破れる	わ-れる	1.갈라지다;갈리다 2.분산되다 3.분열되다

마구로센세의 본격! 일본어 스터디

중급 ❹ 일본의 자연환경

초판 1쇄 펴낸 날 ┃ 2024년 8월 23일

지은이 ┃ 최유리 · 나인완
펴낸이 ┃ 홍정우
펴낸곳 ┃ 브레인스토어

책임편집 ┃ 김다니엘
편집진행 ┃ 홍주미, 이은수, 박혜림
디자인 ┃ 이예슬
마케팅 ┃ 방경희

주소 ┃ (04035) 서울특별시 마포구 양화로7안길 31(서교동, 1층)
전화 ┃ (02)3275-2915~7
팩스 ┃ (02)3275-2918
이메일 ┃ brain_store@naver.com
블로그 ┃ http://blog.naver.com/brain_store
페이스북 ┃ http://www.facebook.com/brainstorebooks
인스타그램 ┃ https://instagram.com/brainstore_publishing

등록 ┃ 2007년 11월 30일(제313-2007-000238호)

© 브레인스토어, 최유리, 나인완, 2024
ISBN 979-11-6978-037-7(04730)
ISBN 979-11-88073-21-4(04730)(세트)